DIE TRANSSIBIRISCHE EISENBAHN

MOSKAU–WLADIWOSTOK

Danksagung
Für die Hilfe und Unterstützung bei der Herstellung dieses Buches möchten wir uns
noch einmal ganz herzlich bedanken, und zwar bei:

Alexeji Victalewitsch Rytschenko, Russisches Außenministerium, Pressezentrum
Victor A. Zhukow, Vizekonsul im Generalkonsulat der Russischen Föderation, Hamburg
Herrn Bartholomäus, Generalkonsulat der Russischen Föderation, Hamburg
Direktor Aleksandr, Bahnbetriebswerk Ulan-Ude
Jelena Abramowa, Vjatka/Kirow

Christian Fink, Fabian Ostertag, Jelena Michel und ganz besonders Kati Zerling sowie allen
hilfreichen Menschen entlang der Transsib-Strecke, besonders auf den Bahnhöfen

Fotos: Petra Woebke

Text: Seiten 5–178 Petra Woebke, Seiten 179–184 und 204–206 Verlag, Seiten 185–200 Klaus-Peter Woebke

Gestaltung Umschlag: Wolfgang Heinzel

Bild auf Vorsatz vorne
Mehr als drei weiße Birken: ein ganzer Wald der winterhärtesten aller
Baumarten der Welt. Der «Nationalbaum» Sibiriens
Bild auf Seite nach Vorsatz vorne
Die neue Transsib-Elektrolokomotive EPI wartet in Tschita auf die Weiterfahrt
Bild rechts
Luxuszug «Zarengold» auf dem Baikal-Abschnitt der Transsib
Bild auf Seite vor Vorsatz hinten
Moor- und Taiga-Landschaft nach Irkutsk
Bild auf Vorsatz hinten
Schnaubt wie ein schnelles Ross mit ungebändigter Kraft: Transsib-Schnellzugdampflokomotive

terra magica

DIE TRANSSIBIRISCHE EISENBAHN

PETRA WOEBKE

MOSKAU–WLADIWOSTOK

terra magica
SPEKTRUM

Inhalt

Eine Eisenbahn zwischen Nostalgie und Postmoderne 5

Russland – ein Kulturschock? 5

Startstadt Moskau...6

Roter Platz und Kreml 8

Kaufpalast aus der Zarenzeit 16

Kitaigorod 16

Moskaus Untergrund – die Metro 18

Arbat 22

Ein Tag auf dem Land 28

Unruhe in der Nacht vor der Abreise 36

Kilometer 0 – Meile 0 in den «Wilden Osten» 37

Kilometer 450: Buj 40

Kilometer 957: Vjatka (Kirow) 44

Zug Nr. 87: Kirow–Perm 47

Perm: Kilometer 1434 51

Zug Nr. 87: Perm–Jekaterinburg 57

Jekaterinburg: Kilometer 1813 64

Sibirien – Sibir, «schlafende Erde» 69

Zug Nr. 38: Jekaterinburg–Omsk 70

Tjumen: Kilometer 2138 72

Noch 6577 km bis Wladiwostok..............................77

Omsk: Kilometer 2711 77

Zug Nr. 88: Omsk–Nowosibirsk 78

Nowosibirsk: Kilometer 3336 84

Zug Nr. 84: Nowosibirsk–Krasnojarsk (Kilometer 4098) 90

Taiga 94

Zug Nr.10: Krasnojarsk–Irkutsk 98

Noch 4103 km bis Wladiwostok..........................104

Irkutsk: Kilometer 5185 104

Baikal-Hymne 116

Sonderzug «Zarengold»: Port Baikal–Sljudjanka–Ulan-Ude 137

Ulan-Ude: Kilometer 5640 140

Zwei Monate unterwegs:

Petra Woebke, Klaus-Peter Woebke

Zug Nr. 2: Ulan-Ude–Tschita 150

Noch 3090 km bis Wladiwostok..........................151

Tschita: Kilometer 6198 151

Zug Nr. 2: Tschita–Chabarowsk 156

Chabarowsk: Kilometer 8532 158

Zug Nr. 6: Chabarowsk–Wladiwostok 166

Wladiwostok: Kilometer 9288 170

Sibirien um die Wende des 19. zum

20. Jahrhundert, der Zeit des Transsib-Baus 179

Größte Terra incognita der damaligen Welt 179

Klima, Pflanzen- und Tierwelt 180

Bevölkerung 181

Erwerbszweige und Verwaltung 182

Geschichte 183

Geschichte der Transsibirischen Eisenbahn 185

Die Transsibirische Eisenbahn und ihre Lokomotiven 191

Dampflokomotiven – Nostalgie auf Rädern 191

Diesellokomotiven 196

Elektrolokomotiven 196

Zeittafel der Transsibirischen Eisenbahn 204

Monarchen und formelle Staatschefs von Russland –

Sowjetunion – Russland 206

Karte 38/39

terra magica

Eine Eisenbahn zwischen Nostalgie und Postmoderne

Eine «Schienenkreuzfahrt» in luxuriösen Reisewagen, wie um 1900 auf der Brüsseler Weltausstellung vorgestellt, oder eine Eisenbahnfahrt mit einem modernen Verkehrsmittel der Gegenwart, voll elektrifiziert, klimatisiert, quer durch einen Fast-Kontinent, 9288 unendliche Schienenkilometer von Moskau bis Wladiwostok: Der Reisende hat heutzutage die Freiheit und damit die Qual der Wahl, wie er Russland – Sibirien – «erfahren» möchte, im Sonderzug als perfekt durchorganisierte Gruppenreise, erinnerungsverbrämte Retrospektive auf «goldenen» Zarenprunk, oder im Regelzug als Individualreisender, konfrontiert mit der ungeschminkten Gegenwart des heutigen Russland – ohne die berühmten Potemkinschen Dörfer. Einem Russland, das nach Glasnost und Perestroika eine neue Identität in der Völkergemeinschaft sucht, ein multinationales Volk, das bodenständig und heimatverbunden nach Jahrzehnten der Abgeschlossenheit zwischen Kommunismus, glorreicher Historie und exzessivem Freiheitsdrang schwankt.

Russland – ein Kulturschock?

Nein, ein Land beziehungsweise Menschen mit mehr oder minder liebenswerten Eigenheiten, Mentalitäten, deren Wurzeln auch oder gerade in ihrer multinationalen Kultur liegen, mit sehr persönlichen Interpretationen des westlichen Lifestyles, eben «Modern Times» auf Russisch, geprägt durch Werbung und Fernsehen als ständige lautstarke Hintergrundberieselung zu jeder Tages- und Nachtzeit überall und nirgends. 70 Jahre Sowjetdiktatur, unendlich lange Jahre der Restriktionen, der Angst, des Verzichts und der Abgeschlossenheit von der Außenwelt haben tiefe Spuren in den Seelen der Menschen hinterlassen.

Russland und insbesondere Sibirien mit seiner leidvollen Geschichte der Massendeportationen und Strafgefangenenlager ein fremdenfeindliches, unsicheres Land mit hoher Kriminalitätsrate? Nein! Vergessen Sie, liebe Leser, alle Vorurteile und Klischees. Nirgendwo auf unserer mehr als zweimonatigen, zugegeben abenteuerlichen Fahrt mit der Transsibirischen Eisenbahn quer durch Sibirien, mit zwölf verschiedenen Zügen und Stopps in zwölf Städten, haben wir uns unsicher gefühlt. Im Gegenteil, wir haben die sprichwörtliche russische Seele kennen gelernt, die herzliche, ehrliche Gastfreundschaft gefühlt, die keinen Widerspruch duldete beim Teilen des letzten Wurstzipfels oder der letzten Tropfen knallroter Erdbeerbrause auf den langen Zugetappen, und wir haben den Stolz der Menschen gespürt, den Stolz auf ihr Land, Russland, und ihre Heimat Sibirien.

Aber lesen Sie selbst, fahren Sie mit uns auf der Transsibirischen Eisenbahn, liebevoll «Transsib» genannt, begleiten Sie uns auf unserem langen Weg durch den «Wilden Osten».

Petra Woebke

Startstadt Moskau

Alles beginnt an einem schönen, sonnigen Spätnachmittag im Mai. Fast lautlos schwebt unsere Boeing 737, kunstvoll verziert mit Landschaftsgraffiti in den russischen Farbtönen Blau, Rot, Weiß im Landeanflug über grüner Landschaft, hier und dort unterbrochen von einer kleinen Ortschaft, bis im Dunst des Horizonts die ersten Vorstadtwohntürme in einheitlichem beigegrauem Beton, streng geordnet in Halbrund, Kreis oder Rechteck, das sanfte Grün ablösen. Die Landebahn von Scheremetjewo 2 liegt vor uns. Gedanklich ordnen wir schnell noch einmal alle notwendigen Papiere, Zolldeklarationen und Ausweise für die Immigrationsprozedur. Nur nicht auffallen mit dem großen, schweren Fotorucksack. Die Ausrüstung muss durchgeschleust werden, bevor wir die Sondergenehmigung vom Pressezentrum erhalten. Zurück zum Flughafen und Zoll wäre ein insgesamt 80 Kilometer langes Extravergnügen, abgesehen vom Zeitverlust.

Mit unbeweglichem Gesicht, ohne Antwort auf unseren freundlichen Gruß und ohne den Mund auch nur einen Millimeter zu verziehen, werden wir wortlos abgefertigt. Nur das Bargeld ist von Interesse und wird mit einem großen buchhalterischen Schnörkel unabänderlich auf dem Zollpapier festgehalten. Was hatte uns Fabian, unser Russischlehrer, doch gleich über die Grenze des Lächelns erzählt? Begann diese nicht erst hinter dem Ural? Egal, das ist fürs Erste gut gegangen. Draußen warten schon die Taxihaie auf ihre Touristenopfer. Die Preisschwankungen in harten US-Dollars sind gewaltig – wir werden abgeholt. Trotz der fortgeschrittenen Stunde ist es noch heiß in Moskau.

Der Sommer hat hier unterhalb des 56. Breitengrades bereits Einzug gehalten, und wir sind froh über den kühlenden Fahrtwind, als wir mit fast 100 Stundenkilometern im Slalom, mit dem ständigen Kick zwischen Gas und Bremse, durch den dichten Verkehr auf den acht- bis zehnspurig ausgebauten Boulevards ins Stadtzentrum fahren. Ein erstaunliches Fahrvermögen, selbst für Großstädter wie uns, und ein gewaltiges Verkehrsaufkommen mit zum Teil neusten, edlen Automobilmodellen – vorzugsweise solchen mit dem Stern –, wie wir es so nicht erwartet hatten. Moskau, mit offiziell mehr als neun Millionen Einwohnern, zwei Millionen Tagespendlern und Zigtausenden von Illegalen, die ihr Glück in der Großstadt suchen, präsentiert sich im gleißenden Abendlicht, das sich in den hohen Fensterscheiben der klassizistischen Prachtbauten an der uliza Tverskaja widerspiegelt, als tempogeladene Metropole zur Rushhour.

Als sich die Sonne mit einem farbenprächtigen Schauspiel wie zu einer angemessenen Fotografenbegrüßung gegen 23 Uhr über dem Kreml verabschiedet, gleiten unsere Gedanken hinüber zu dem klassischen Zitat aus der alten Chronik von 1147, in der Moskau zum ersten Mal erwähnt wurde: *Fürst Juri (Dolgoruki) bestieg den Hügel, sah sich um, schaute nach allen Seiten, hierhin und dorthin, in beiden Richtungen den Moskaufluss und die*

Bild rechts
Unverkennbare Silhouette – von modernen
Bauwerken nie erreichbare Ästhetik:
Moskaus Kremltürme im Sonnenuntergang

Neglinnaja entlang, und er entzückte sich an ihren Dörfern und befahl, unverzüglich hier eine Stadt aus Holz zu errichten, und ihr Name solle Moskau sein. (Der Kreml liegt an den Flüssen Moskwa und Neglinnaja.) Die Neglinnaja mündete früher in die Moskwa und wurde nach dem Krieg gegen Napoleon bei der Neugestaltung Moskaus kurzerhand in unterirdische Rohre gezwängt und ebenso wie die Schmiedebrücke, Kusnezki most, zur Straße umgewandelt. Dies war der Anfang, doch wie ging die Geschichte weiter? Davon morgen mehr, für heute heißts *Spakoinoi notschi* – gute Nacht!

Vor dem Gang durch die Geschichte gibts erst einmal Frühstück, und vor dem Frühstück steht zuerst die sozialistische Ordnung, vor allem in den großen Hotels. Auf jedem Stockwerk gibt es eine Etagenfrau, versteckt hinter einem hohen Tresen, umgeben von ein paar dekorativen immergrünen Blattgewächsen, Kühlautomaten und Glasvitrinen, in denen zu jeder Tages- und Nachtzeit von kalten Getränken bis zum hochprozentigen «Absacker» alles für den eiligen oder späten Gast parat steht. Wir tauschen den Zimmerschlüssel gegen die Gästekarten und später dann wieder die Gästekarten gegen den Schlüssel.

Elf Stockwerke tiefer wartet der Frühstücksadministrator mit gewichtigem Blick und spitzem Bleistift, um uns auf der «Berechtigtenliste» abzuhaken. Einheitlich rot-weiß gekleidetes Bedienungspersonal steht «betriebsam abwartend» in den Nischen des Saals, jeder darauf bedacht, seine nur ihm zugedachte Aufgabe zu erfüllen, Plätze zuzuweisen, Bestecke nachzulegen, Getränkebestellungen aufzunehmen und vor allem die gevierteilten Servietten aufzufüllen und bei Bedarf jene vier Teile nachzuschneiden. *Jedes Bächlein möchte eine Wolga sein,* sagt ein russisches Sprichwort, wer jedoch wofür zuständig ist, bleibt für den Gast ein Ratespiel oder Zufallstreffern überlassen.

So haben wir einmal eine geschlagene halbe Stunde in Chabarowsk benötigt, um herauszufinden, wer für Tee und Kaffee zuständig ist. Spiegeleier, Toast und Laune waren zwischenzeitlich erheblich abgekühlt ...

Roter Platz und Kreml

Die Geschichte holt uns dann auf dem Roten Platz wieder ein. Rot *(krasnij)* heißt auch «schön» im Altrussischen, die historische Definition dieses Namens erinnert zudem an die Farbe des Blutes, das hier geflossen ist. Im 15. Jahrhundert war der Rote Platz immer zweierlei zugleich: Marktplatz und Hinrichtungsstätte. Kosakenrebellen und Bojaren unter dem wütenden Volkssturm haben hier ihr Leben gelassen, und Peter der Große soll eigenhändig den ersten zehn von tausend aufständischen Strelitzen, der Elitetruppe des Kremls, die Köpfe abgeschlagen haben. Womit wir schon mitten in der Geschichte sind. Aber wie begann alles?

Damals – nach der alten Chronik – war der Kreml erst eine bescheidene Ansammlung kleiner Holzhäuser, im Gegensatz zu der bereits existierenden Pracht anderer russischer Städte, wie Susdal, Wladimir, Jaroslawl (Goldener Ring) oder Kiew und Nowgorod. Aber Moskau entwickelte sich durch seine Lage im Schnittpunkt zweier Handelswege – von Skandinavien in den Orient beziehungsweise Kiew nach Jaroslawl – sehr schnell. 1332 verlegte der russische Metropolit Peter seinen Sitz von

Bilder rechts und nächste Doppelseite
• **«Stalin-gotischer» Wohnpalast in Moskau**
• **An Moskaus Rotem Platz: Erlöserturm,**
Kreml-Mauer und -Türme bei Tag

terra magica

terra magica

Wladimir nach Moskau und residierte im Kreml, im Patriarchenpalast, unmittelbar neben dem Zaren. Erst Peter der Große beendete diese Tradition, indem er seinen Metropoliten aus dem Kreml hinausjagte.

Verwüstungen durch Brände und Tatareneinfälle konnten der ständigen ringförmigen Ausdehnung Moskaus keinen Einhalt gebieten, auch heute noch sind die Moskauer Ringstraßen die dominierenden Verkehrsadern der Stadt, erweitert jedoch um eine Ringautobahn von fast 100 Kilometer Länge. Als Zar Iwan III. 1472 die Nichte des letzten Kaisers von Byzanz, Sophia, geheiratet hatte, hielt die byzantinische Kunst Einzug in die Stadt. Moskau sollte nach dem Wunsch Sophias zu einem «dritten Rom» werden. Italienische Baumeister und Architekten schufen dann in einer Synthese von altrussisch-byzantinischer und italienischer Renaissancearchitektur die Kirchen mit ihren goldenen Kuppeln und Kreuzen im Kreml, der noch heute als weltliches und geistliches Zentrum Russlands gilt.

Der Kreml ist politisch, geografisch und architektonisch der Mittelpunkt Moskaus, wenn «der Kreml» zitiert wird, ist damit der Kreml in Moskau gemeint, obwohl im alten Russland der Kreml das Verteidigungs- und Verwaltungszentrum mittelalterlicher Städte war, anfangs von Erd- und Holzwällen, später von Mauern mit Toren und Wehrtürmen umgeben. *Über Moskau gibt es nur den Kreml und über dem Kreml nur Gott,* sagt ein altes russisches Sprichwort, das auch heute noch seine Gültigkeit hat, auch wenn jetzt die Spitzen der Kremltürme der rote Stern anstelle des Doppeladlers mit der Zarenkrone ziert. Erst einmal umrunden wir «das Herz der Stadt», entlang der 2235 Meter langen, bis zu 6,5 Meter breiten, 19 Meter hohen und mit 19 Türmen geschmückten Ziegelmauer. Die wichtigsten sind die Tortürme, wovon der be-

rühmteste der Spasski- oder Erlöserturm ist, der vom Kreml auf den Roten Platz führt, streng bewacht von der Milizia und einer Videoanlage, die den gesamten Platz im Blick hat. Und dann kommt der Fotografenalptraum: Die Basiliuskathedrale, die vielleicht schönste Kirche der Welt mit den orientalisch anmutenden Zwiebeltürmen wie aus Tausendundeiner Nacht, ist unter Baugerüst, das Nationalmuseum unter Bauplanen, im historischen Zentrum wird renoviert, restauriert, gehämmert, genagelt, gemalt. Es wird wunderschön..., aber warum gerade jetzt, wo wir da sind?

Unsere Überlegungen werden abrupt durch das Erscheinen der Milizia unterbrochen. Breitbeinig, mit Respekt einflößender Miene, das Sprechfunkgerät einsatzbereit in der Hand, bauen sich gleich drei herübergeeilte Wachposten vor uns auf: Professionelles Fotografieren ist hier streng verboten, trotz unserer *Kartatschka,* der Sondergenehmigung mit Lichtbild, Stempel und Unterschrift (das Wichtigste in Russland) vom Pressezentrum des Außenministeriums. Das Stativ muss weg, oder der Film wird einbehalten – unverständlich ist die Welt! Angesichts des schönen Sonnenuntergangs vom gestrigen Abend verstehen wir lieber doch Russisch und klappen den Stein des Anstoßes zusammen. Um uns herum hat sich derweil eine kleine Menschenmenge schaulustiger Touristen – alle mit den kleinen Digitalkameras – und einheimischer Passanten gebildet, die eine erregte kontroverse Diskussion mit der Obrigkeit beginnen. Ist das die neue Freiheit, das neue Russland?

Bilder rechts und nächste Doppelseite
• Moskaus Erlöserkathedrale, erbaut ab 1839
• Peter der Große als Seefahrer in der Moskwa;
Blick über die Moskworezki-Brücke zum Kreml

Wir bedanken uns für die gut gemeinte Hilfe und ziehen weiter, es gibt noch eine Menge zu entdecken. Gleich, nur ein paar Schritte weiter, die Stadtviertel Kitaigorod mit dem GUM, dem ersten staatlichen Warenhaus – welch profane Abkürzung für diesen architektonischen Prachtbau –, und Tverskaja, wo Jugendstilliebhaber in alten Zeiten schwelgen können. Und weiter den Arbat, die prunkvollen Metrostationen, das Neujungfrauenkloster bei einer Fahrt auf der Moskwa bis zu den Sperlingsbergen und – nicht zu vergessen – die Bahnhöfe, auf denen die Eisenbahnen warten, die Reisenden in alle vier Himmelsrichtungen des großen, weiten Landes zu bringen. Eisenbahn – da ist es wieder, das Reisefieber, das wie eine innere Uhr den Countdown herunterzählt, aber noch ist es nicht soweit, genießen wir noch ein paar Tage das pulsierende Leben, die prickelnde Atmosphäre und das nächtliche Lichtermeer der russischen Metropole.

Kaufpalast aus der Zarenzeit

Quer über den Roten Platz, einmal über den Zebrastreifen, und wir stehen vor dem GUM. GUM bedeutet «Gosudarstwenny universalny magasin», Staatliches Allgemeines Kaufhaus, ein mächtiger, drei Stockwerke hoher verglaster Arkadenbau im neoaltrussischen Stil, 1889 bis 1893 von Alexandr Pomeranzew errichtet, mit schmiedeeisernen Bögen, Geländern und Galerien mit reicher Stuckverzierung, die durch das Glasdach in ein reizvolles Lichtspiel getaucht werden. Vor der Revolution standen hier Verkaufsbuden, die «oberen Handelsarkaden», die sich bis zur Moskwa hinunterzogen. Diese Tradition muss sich irgendwie erhalten haben, denken wir, angesichts der unzähligen Kioske auf den Straßen und Plätzen der Stadt. Von Kosmetikartikeln, Büchern, Musikkassetten, Socken, Kitsch & Kunst, Hotdogs bis hin zur heißen Kartoffel gibt es so gut wie alles, was das Herz begehrt, aber nur bis 19 Uhr, dann gehen die Fensterläden zu, aber die Lichter der «Schnapsbuden» an. Hier muss keiner auf das russische Lebenselixier Bier und Wodka über Nacht verzichten. Apropos Wodka: Das Wort stammt vom russischen *woda* (Wasser) ab und bedeutet «Wässerchen». Ein ziemlich scharfes Wässerchen. *Na zdorovje!*

Kitaigorod

Kitaigorod ist eigentlich ein seltsamer Name für dieses alte Stadtviertel. Er stammt höchstwahrscheinlich vom russischen *kitai*, einem Bündel von Ruten als Flechtwerk zum Befestigen von Sandwällen, welche um 1400 als erste Befestigung für den ständigen Markt der Handwerker und Handelsleute an diesem Platz dienten. Zwei Jahrhunderte später errichtete man eine Steinmauer um Kitaigorod, hier war das Handelszentrum Moskaus – in der heutigen Zeit der Finanzbezirk. Wir bummeln an der wieder aufgebauten Kasaner Kathedrale vorbei, die 1936 zerstört wurde, gehen durch das Auferstehungstor mit Marienkapelle – besonders zauberhaft im Lichterglanz der Nacht – und schauen in der uliza Nikolskaja bei der ehemaligen Synodaldruckerei vorbei, einem wunderschönen neogotischen Gebäude in Zartblau und Weiß mit Einhorn

Bild rechts
Hier gerieten schon die Zarentöchter in einen Kaufrausch: Universalkaufpalast GUM, fertiggestellt 1893

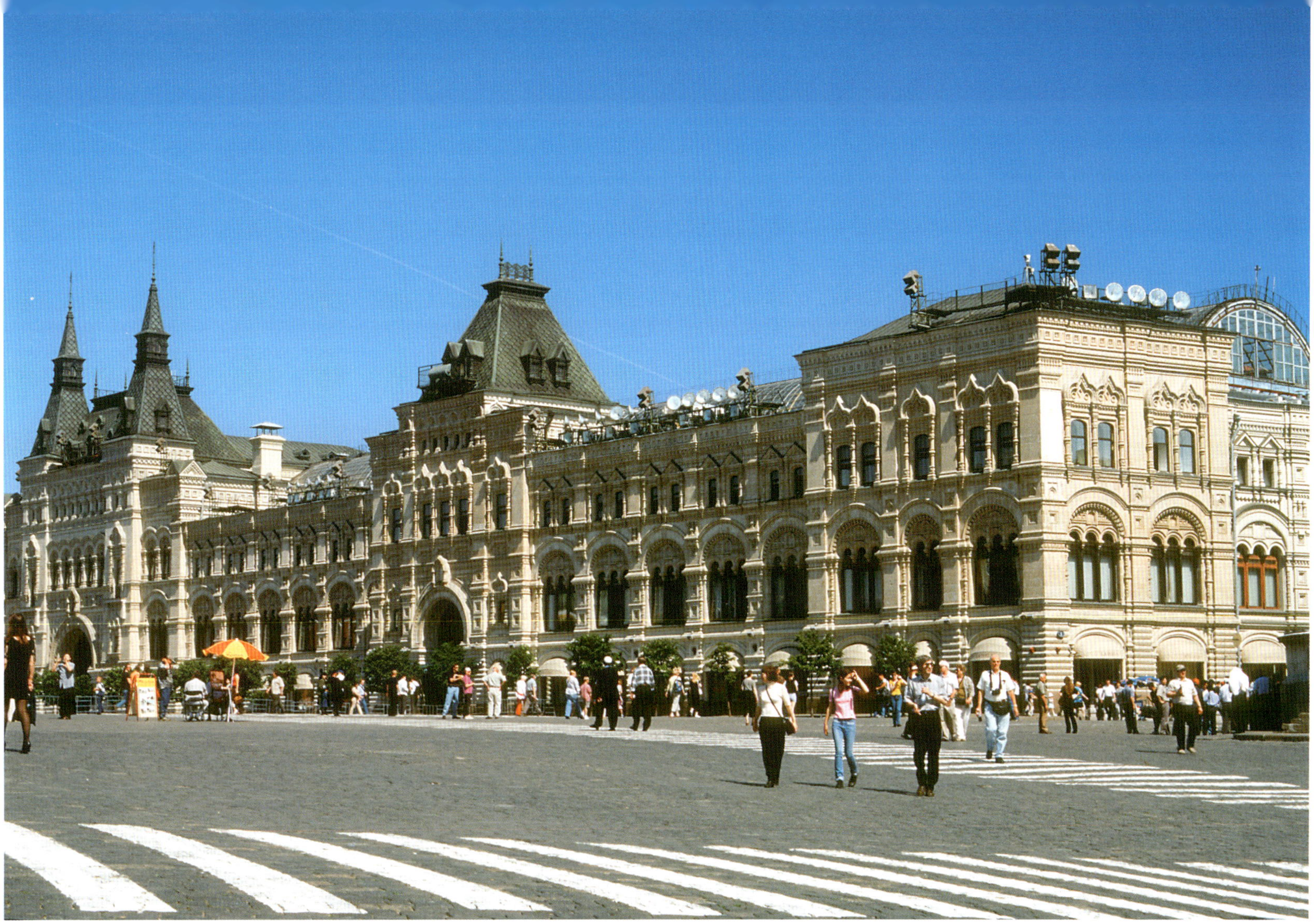

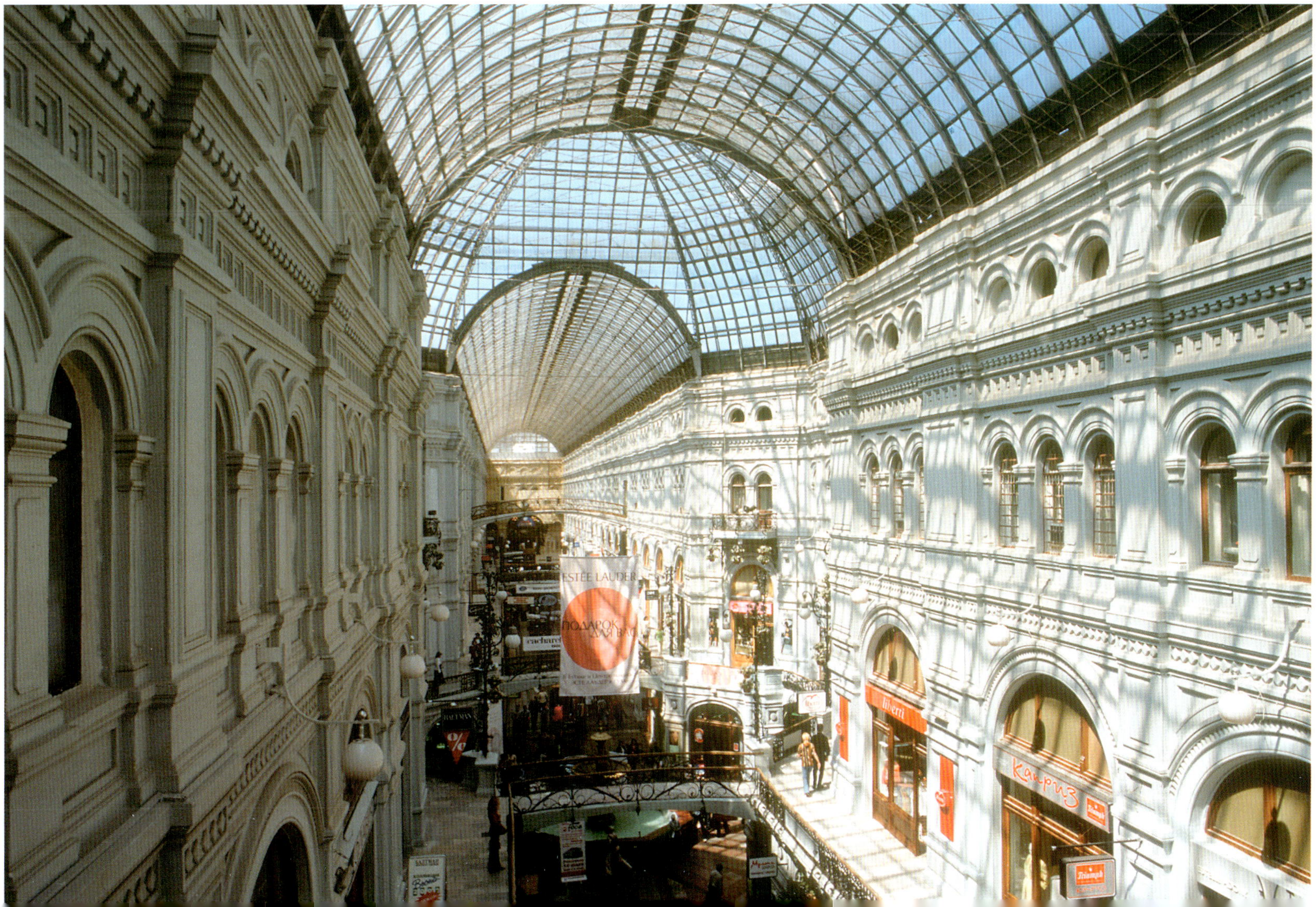

und Löwen über dem mittleren Fensterbogen, Hammer und Sichel unter dem Dachfirst. Eine ständige Konfrontation der antiken Kunst mit den sozialistischen Machtsymbolen der Gegenwart.

Einen Steinwurf entfernt beginnt die uliza Tverskaja. Schon von weitem präsentiert sich das eindrucksvolle Mosaik an der Stirnfront des Hotels National im «Stil modern», der sowjetrussischen Variante des Jugendstils. Unzählige Nymphen und Löwenköpfe an der reich verzierten Fassade konkurrieren mit Korngarben, Kohl und Kürbissen, Bohrtürmen, Förderanlagen, rauchenden Fabrikschloten und Eisenbahnen, Motiven aus Landwirtschaft und Industrie zur Sowjetzeit. Berühmtester Gast dieses Hauses war einstmals Wladimir Iljitsch Lenin, der hier eine Woche logierte. «Sicher ist der bis vors Hotelportal gefahren», überlegen wir, und blicken uns suchend um, wie kommen wir auf die andere Seite des Manegenplatzes?

Unablässig brandet der dichte Verkehr in alle Richtungen um uns herum, keine Chance, mal eben über die Straße zu gehen. Diese Kreuzungen haben ungeahnte Dimensionen, und Fußgänger sind nur ein lästiges Autofahrerhindernis. Am besten parkt es sich auf Zebrastreifen, und vor allem das Polieren des Lacks von Nobelkarossen, quer auf dem Bürgersteig parkiert, schafft Respekt, Anerkennung und fußgängerberuhigte Straßenzonen. «Run for your life» ist oberstes Gebot für den einsichtigen Moskautouristen, die Ampelfarbe Rot gilt nur für Fußgänger! Und die Milizia ist auch hier präsent, zu zweit an jeder Ecke, gelangweilt gähnend. Seufzend blicken wir uns um und fragen schließlich nach der nächsten Straßenunterführung. Wehe man verpasst eine, dann heißt es laufen, laufen, laufen, Treppe runter, Treppe rauf und das Ganze zurück – auf der anderen Straßenseite!

Moskaus Untergrund – die Metro

Wozu auch laufen», fragen wir uns, wo es doch an (fast) jeder Ecke eine Metrostation gibt. Schnell noch einmal die passenden Vokabeln nachgeschaut, und zwei Fünferkarten zum unglaublichen Preis von 40 Rubeln (2002: ungefähr 1.30 Euro) liegen startbereit auf dem Drehteller. «Grünes Licht» signalisiert die metallene Eingangsbarriere und spuckt die Karte in hohem Bogen aus ihrem Schlund wieder aus. Unsere Reise in eine «museale Unterwelt», wie unser papierener Stadtführer verheißt, beginnt. Eine riesige Menschenmenge saugt uns in ihre Mitte, zieht uns mit in ihrem Strom, im Rausch der Geschwindigkeit rattern die hölzernen Stufen im Takt steil hinab in eine unendliche Tiefe und geben uns wieder frei, wie einen Schwarm von Jungfischen, der in immer neuen geometrischen Formen auseinander driftet, sich wieder zusammenfindet, um sich im Fluss der Strömung neu zu formieren.

Eine feudalistische Pracht von Kronleuchtern, Deckengemälden, klassischen Säulen, polierten Granitböden, Glasmosaiken und Wanddekorationen aus edelsten Natursteinen lässt uns erst einmal ehrfurchtsvoll verharren. Hier wetteifert der Glanz neobarocker Architektur mit dem schnellen Pulsschlag einer modernen Metropole. Dabei ist die Metro ein sozialistisches Vorzeigeobjekt Stalins, mit dessen Gestaltung die besten Künstler des Landes beauftragt waren. Rund neun Millionen Men-

Bilder rechts und nächste Doppelseite
• Fassaden und Portal, gefunden in Moskau
• Moskauer Kirchen im Abend- und Nachtlicht:
Kasaner Kathedrale, Spassopeskowskij-Kirche im
Stadtteil Arbat, Marienkapelle mit Auferstehungstor

schen hasten hier täglich durch die unterirdischen Stationen in der Hektik des Alltags, ohne einen Blick auf die Kunstwerke zu verschwenden. Im Minutentakt fahren die Züge in alle Richtungen, ein Verkehrsmittel der Superlative: Schön, schnell, billig, und im Ringsystem geht keiner verloren, so er kyrillisch lesen kann. Und jene neun Millionen machen uns jetzt das Leben schwer, vor Mitternacht ist nicht daran zu denken, all diese Pracht auf den Film zu bannen.

Arbat

Gibt es nicht eine Metrostation, deren Bahnhof dem roten Sowjetstern gleicht?» Richtig, die *Arbatskaja* – Eingang zum alten Arbat-Stadtviertel und Moskaus erster Fußgängerzone. «Dort können wir gut die Zeit bis Mitternacht überbrücken», schlägt Ehemann Peter vor. Gesagt, getan, wir tauchen erneut ab ins unterirdische Labyrinth. Lautstarke Livemusik empfängt uns, als wir wieder das Licht des Tages erblicken. Eine Rockband im Hippie-Look der Siebzigerjahre spielt ohne Pause, begleitet vom frenetischen Klatschen der Menschenmenge. Nur ein paar Meter weiter, in einer offenen Straßenunterführung, hält die Klassik dagegen, Konservatoriumsschüler bessern mit virtuosen Interpretationen alter Meister ihr Budget auf, alte Mütterchen sammeln in Plastiktüten achtlos stehen gelassene Bierflaschen oder verkaufen kleine Sträuße süß duftender Maiglöckchen, um die schmale Rente, die oftmals noch nicht einmal für ein tägliches warmes Essen reicht, aufzubessern. Ein Gemisch von Klängen und Düften, das die Sinne verwirrt und die Ohren betäubt.

Der Name *Arbat* geht vermutlich auf das mongolische Wort für «Vorstadt» zurück, eine Vorstadt Moskaus, in der Handwerker und Diener des Zaren wohnten und sich im 18. Jahrhundert Künstler, Aristokraten und Intellektuelle ansiedelten. Heute ist es ein Stadtviertel voller Kontraste, überragt von der monumentalen «Stalingotik» des Außenministeriums. Hier gibt es Kitsch & Kunst, Porträtmaler, Schnellzeichner, Stände, die jegliche Touristenwünsche erfüllen, von goldenen Matroschkas (Puppen in der Puppe) bis hin zu marmornen Lenin- und Gorbatschow-Köpfen, Orden und roten Flaggen mit Hammer & Sichel aus glorreichen Sowjetzeiten.

Langsam setzt die Dämmerung ein und taucht die bunte Szenerie in ein zartrosa Abendlicht. Diesmal haben wir kein Auge dafür, der Magen knurrt. Speisekarte für Speisekarte nimmt unsere Erkenntnis zu, dass wir zwar lesen können, aber letztendlich nicht verstehen, was angeboten wird. Eine schmerzliche Erfahrung nach all den Russischmühen. Das große gelbe «M» einer wohlbekannten Fastfood-Kette rettet uns vor dem Verhungern, aber wir ärgern uns doch ein wenig, zu gern hätten wir noch ein paar russische Spezialitäten probiert. «Bist du satt und betrunken, dann sei Gott Dank», philosophiert Peter sprichwörtlich, womit er nur zum Teil Recht hat. Beim großen M gibts auch in Russland keinen Alkohol. Und das ist auch gut so, zumindest für heute Abend – nein, präziser heute Morgen – denn endlich, kurz nach Mit-

Bilder rechts, Seiten 24, 25 und Doppelseite 26/27
• **U-Bahn-Station außen und unten: Arbatskaja in Moskau**
• **Moskau, Stadtteil Samoskworetschje:**
Eckhaus, Nikolauskirche, Luschkow-Brücke
• **Clemens-Kirche im St.-Petersburger-Barock**
• **Sakral wirkende Moskauer U-Bahn-Stationen:**
Komsomolskaja, Kievskaja und
Krasnopresnenskaja (Mitte), **Novoslobodskaja**

terra magica

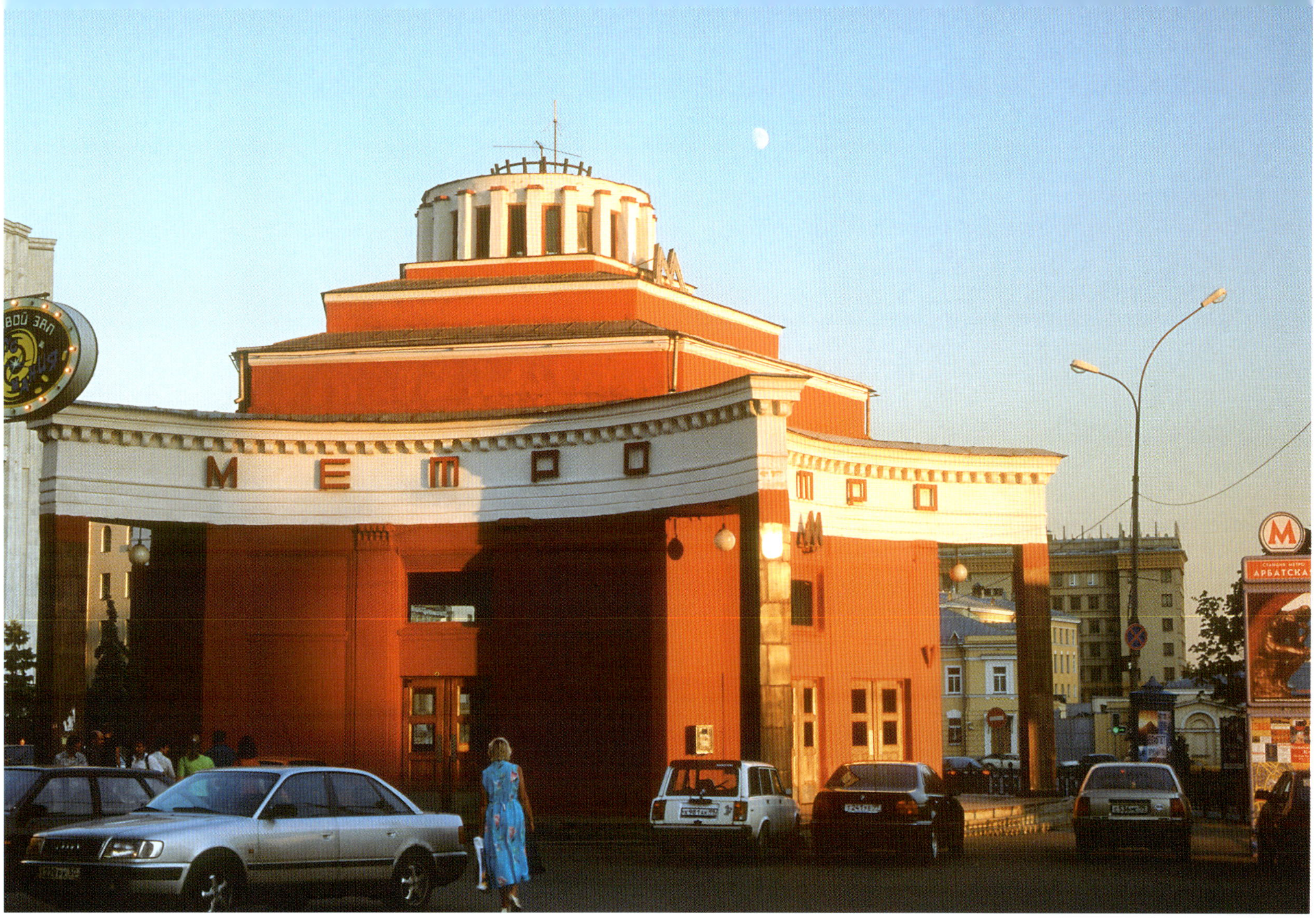
МЕТРО
М
АРБАТСКА

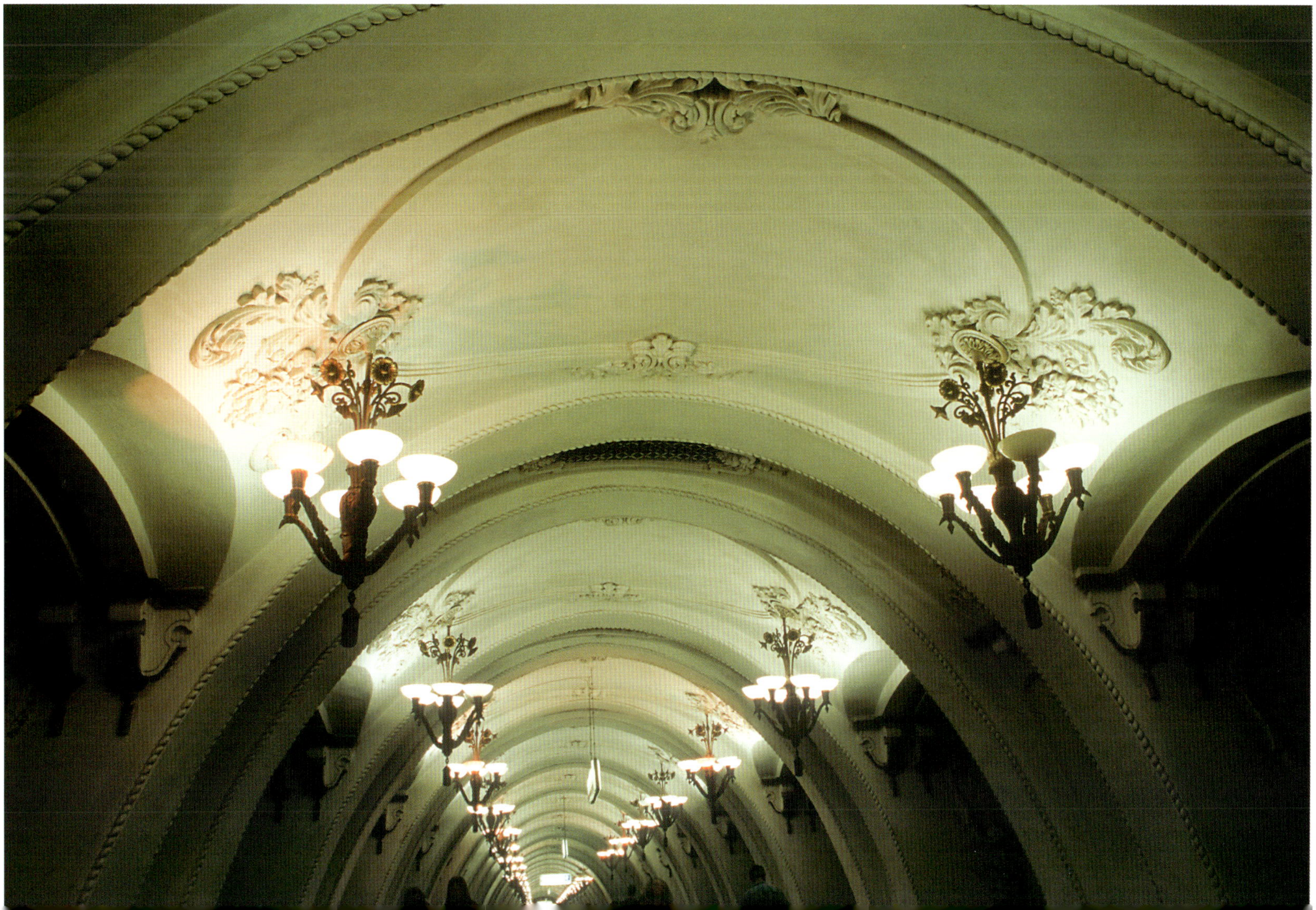

terra magica

terra magica

ternacht, lacht das Fotografenherz, die Metrostationen sind fast menschenleer, wie gesagt ... fast! Die füllige Aufsichtsdame in ihrem Glaskasten an der Rolltreppe, semmelblond mit kirschrotem Mund, ist hellwach und jagt uns die patrouillierende Milizia auf den Hals. Wofür haben wir eigentlich unsere *Kartatschka,* die Sondergenehmigung? Wahrscheinlich nur, um die Filme zu retten! Entnervt springen wir in den nächsten Zug und fahren eine Station weiter. Großen Dank den Baumeistern, die die Säulen schufen, hinter denen man Stativ und Kamera verstecken kann! Hart und ohne Vorwarnung schlägt die Uhr am Spasskitor 2 Uhr morgens. Unsere Schritte hallen dumpf auf dem Pflaster des Roten Platzes wider, als wir mutterseelenallein nach Hause gehen. Samtblau ist die Nacht, und die Lichter von «Stalins Kathedrale» am Kotelnitscheskaja-Kai funkeln und blitzen auf dem dunklen Wasser der träge dahinfließenden Moskwa.

... wer niemals mit seinen Blicken unsere altehrwürdige Hauptstadt vom einen zum anderen Ende umfangen hat, wer niemals sich Hals über Kopf in dieses großartige, fast unbeschreibliche Panorama verliebt hat, der kann sich von Moskau keine Vorstellung machen, denn Moskau ist keine gewöhnliche Stadt wie tausend andere, ist keine Anhäufung sprachloser, kalter Steine, symmetrisch zusammengefügt ... Nein! Moskau hat seine eigene Seele, sein eigenes Leben ...

(Michail Lermontow, 1834)

Ein Tag auf dem Land

*I*n der Stadt ist das Zarenreich, auf dem Land das Paradies. Heute ist Wochenende. Vor dem Kreml-Heiligsten stauen sich die Touristenmassen, mit und ohne

Gruppenfähnchen. Nach der langen Nacht drängt es uns hinaus aus der Stadt. Peter, diesmal nicht Bodyguard, sondern «Logistiker», hat flugs ein Taxi organisiert. Jurij und Sohn Wowa fahren uns. Welch glückliche Fügung, sie wollen auch in die Nähe von Sergiev Possad, dem alten Zagorsk, zu Luba, der Tante, auf die Datscha. Strahlender Sonnenschein lässt uns die Hitze des Tages ahnen, als unser schwarzer Volga nach ein paar Kilometern bereits im Stau steht.

«Alles Datschikis», brummt Jurij und rückt seine Brille zurecht. «Wir hätten früher fahren sollen!» Wowa fährt mit allen Tricks, überholt rechts auf dem Standstreifen, sieht die Lücke ganz links auf der vierten Spur, um dann blitzschnell wieder nach rechts auszuweichen. Linien, Zeichen, Ampeln gelten nur im Notfall, ansonsten wird gefahren, was das Auto hergibt. Alle Welt fährt hinaus zu den Datschen, mehr oder minder fest gebauten Holzhäuschen, umgeben von einem kleinen idyllischen Garten, wo die Bienen in der Apfelblüte summen und die Kartoffelbeete sorgfältig angehäufelt sind. Ach ja, Bilder aus längst vergangenen Kindertagen kommen uns in Erinnerung, aber vor der Erholung steht die Kultur.

Sergiev Possad, die Sergius-Siedlung, wurde 1345 von Sergej Radoneshski gegründet, einem bedeutenden Geistlichen und Politiker des alten Russland, Abt der orthodoxen Kirche. Das Dreifaltigkeits-Sergius-Kloster mit seinen goldenen Kuppeln und der Farbenpracht der Kirchen ist eines der bedeutendsten Denkmäler der russischen Kultur und bis zum heutigen Tag das Zentrum der

Bilder rechts und nächste Doppelseite
• Kloster Sergiev Possad: Türme und Türmchen,
PS-Droschke auf dem Klosterplatz
• Neujungfrauenkloster zu Moskau

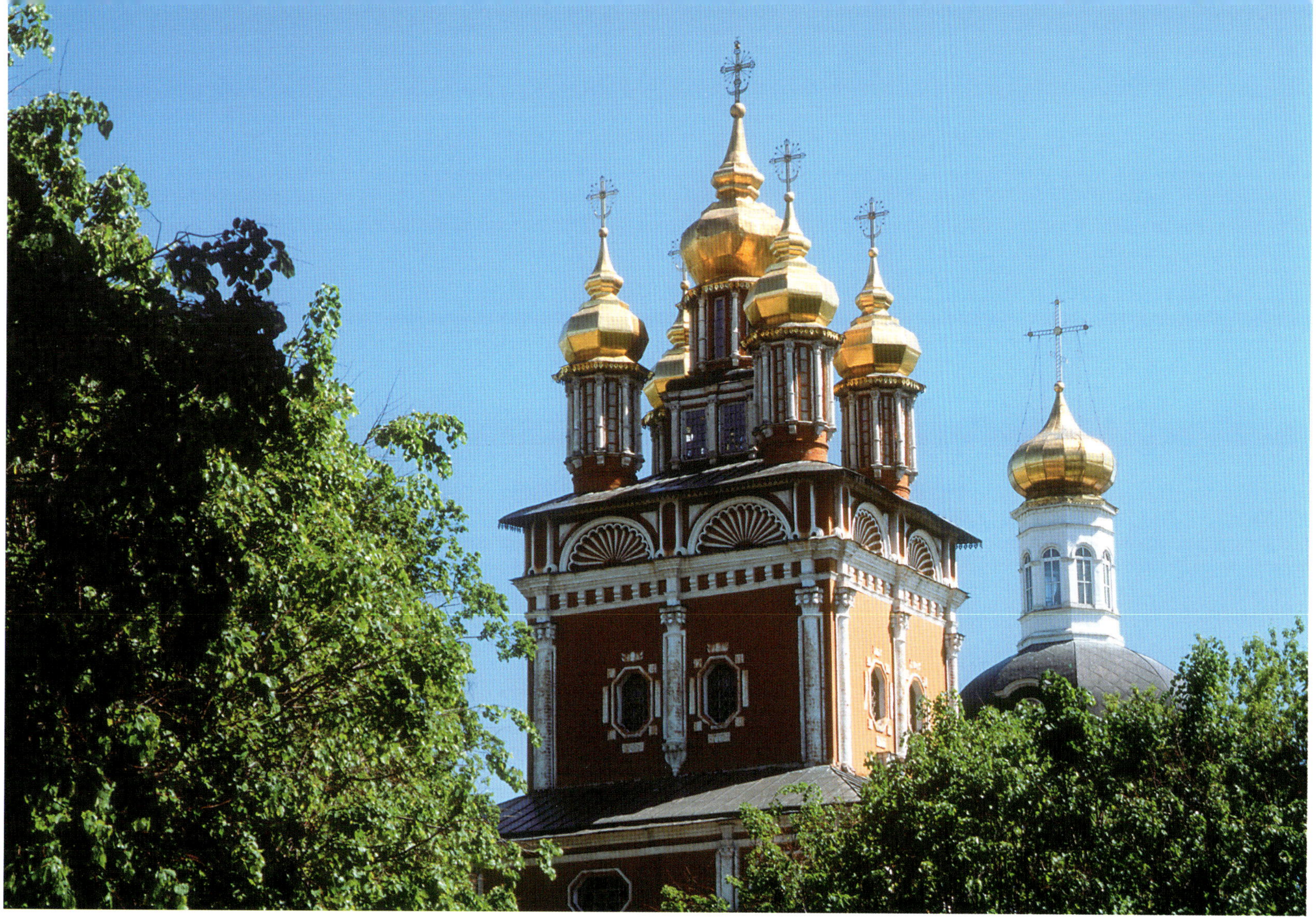

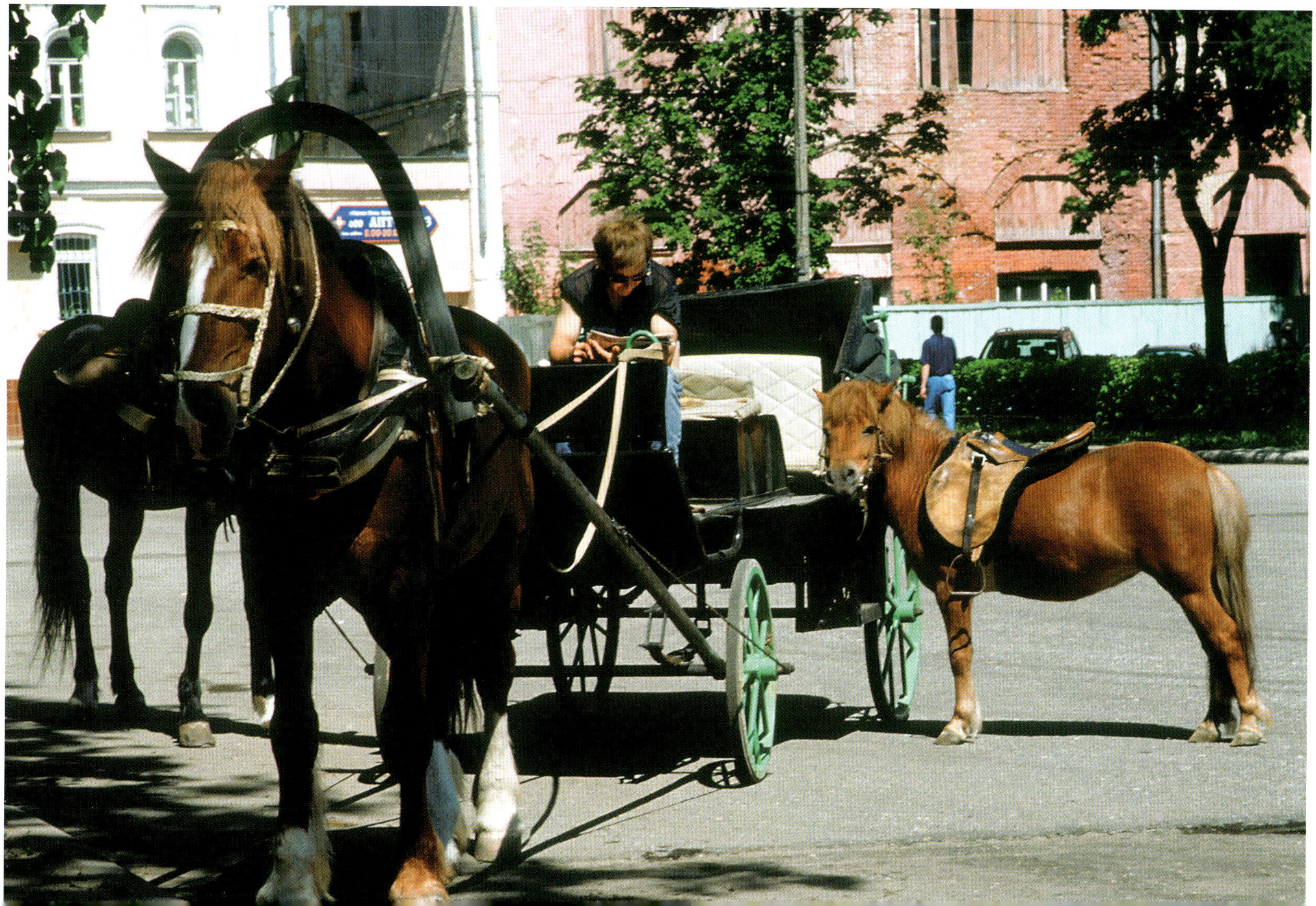

terra magica

terra magica

russischen orthodoxen Kirche – gemäß dem Auszug aus dem Glanzprospekt. Nach eineinhalb Stunden sind wir am Ziel und der Ärger beginnt von neuem: Auch hier ist das Herzstück des Klosters, die Mariä-Entschlafens-Kathedrale (Uspensskij Sobor), unter einer hässlichen grünen Bauplane versteckt, am gesamten Klosterensemble wird gehämmert und gewerkelt.

Jurij und Wowa fühlen unsere tiefe Enttäuschung und laden uns kurzerhand ein, mit auf die Datscha zu fahren. Luba habe immer genügend für alle, und außerdem wäre es eine große Ehre, Gäste aus Deutschland in der Familie begrüßen zu dürfen. Luba ist eine hagere Frau, um die Mitte vierzig, mit braunem, leicht gewelltem Haar und wachen blauen Augen. Sie entschuldigt sich für die Küchenschürze und wischt daran die nassen Hände zur Begrüßung trocken. Ihr Mann sei vor einem Jahr, urplötzlich, im Alter von nur 52 Jahren verstorben, und wir sollten auf die wackelige Treppe achten, sie habe noch kein Geld gehabt, das nötige Material für die Reparatur zu besorgen. Das Leben in Moskau koste eine Menge Rubel, aber schließlich gäbe es dort Arbeit. Wir schweigen betreten und schauen uns um in dem kleinen Raum, der Küchenecke und Wohnraum vereinigt. Auf dem Herd steht ein großer Emailtopf, der heftig dampft, daneben summt ein voluminöser sowjetischer Kühlschrank.

Roter Pseudobrokat, mit kurzen weißen Spitzengardinen darunter, rahmt das Fenster zum Garten ein. Über dem breiten Sofa an der Wand hängen die Familienbilder, mit künstlichen Blumen geschmückt, Bilder aus glücklichen Tagen, als alle noch auf dieser Erde weilten, und die Heiligenbilder, Postkartenikonen, deren Fürsprache man sich erhofft, in goldenen Rahmen. Luba öffnet die quietschende Glastür des weiß lackierten Küchenschranks, dekoriert mit sorgfältig in Falten gelegten Scheibengardin-

chen, und kramt vier kleine bauchige Tongefäße hervor, die sie mit Piva, gutem russischem Bier, bis zum Rand füllt. «Das trinken wir immer zur Begrüßung», fügt sie erklärend hinzu und bittet uns hinaus auf die kleine hölzerne Veranda. «Wenn wir den nicht hätten», sagt sie und zeigt hinunter in den Garten, «kämen wir nicht zurecht.» Manch einer in Moskau habe ein bis zwei zusätzliche Aushilfsjobs, um über die Runden zu kommen. Mit der Einführung der freien Marktwirtschaft sei alles nur noch schlimmer geworden.

Unsere Blicke gleiten über die kleine Siedlung hinweg. Ein Gewirr von ausgefahrenen Sandwegen führt zu den einzelnen Datschen. Jeder «Claim» ist von einem mannshohen Bretterzaun umgeben. Windschiefe Strommasten aus grob geschälter sibirischer Kiefer sichern die Stromversorgung, nur Wasser muss vom zentralen Brunnen geschöpft werden. Jurij macht sich auch gleich an die Arbeit, füllt zwei neue glänzende Zinkeimer und schleppt sie in die Küche. Händewaschen vor dem Essen gehört zum festen Ritual. Und hier lernen wir die buchstäbliche russische Improvisationskunst kennen. Über dem steinernen Spülbecken hängt ein offener Kunststoffbehälter an der Wand, der mit wenig Wasser gefüllt wird. Über eine Öffnung am Boden läuft das Wasser in einen Trichter, an dessen Ende wiederum ein Schlauch befestigt ist, der einen Wasserstrahl für das Händewaschen freigibt. Wasser ist kostbar und wird nicht unnötig vergeudet.

Bilder rechts und nächste beiden Seiten
Moskau:
• Kiewer Bahnhof innen und außen,
Borodinskij-Brücke zum Kiewer Bahnhof
• Kasaner Bahnhof innen und außen
• St.-Petersburger-Bahnhof

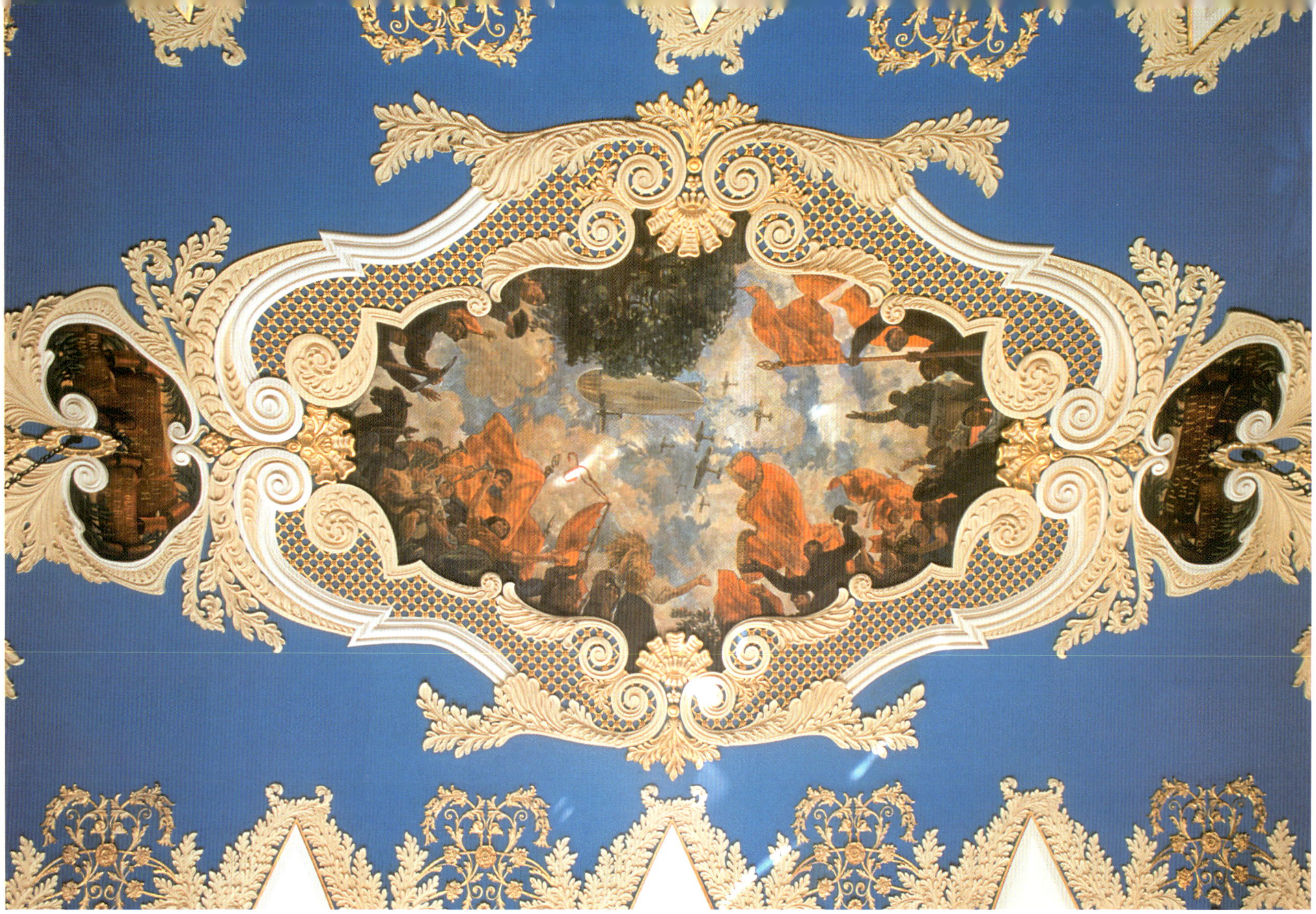

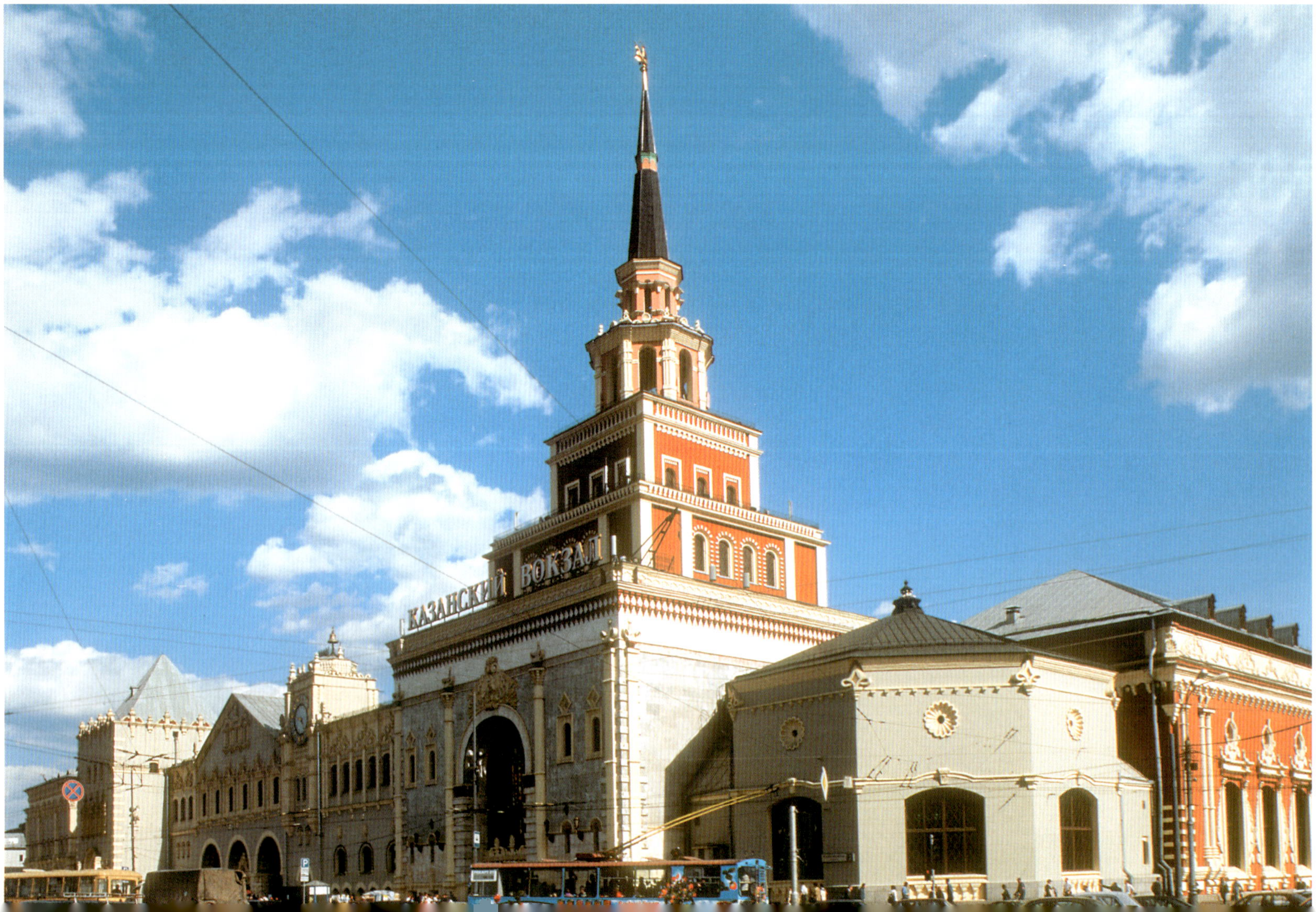
КАЗАНСКИЙ ВОКЗАЛ

Dann ruft Luba zum Essen. Der große dampfende Emailtopf wandert vom Herd auf einen schweren Eisenuntersatz, der das bunt bedruckte Wachstuch auf dem gescheuerten Holztisch vor Hitze schützt. Es gibt köstliche Kartoffelspinatsuppe, in der große Stücke von gekochtem Rindfleisch schwimmen. Dazu frisch gebackenes dunkles Brot, das typische russische Brot, dessen Duft uns später auf unserer Fahrt durch Sibirien magisch an jeden Brotkiosk zieht, und natürlich *Piva,* das unverzichtbare Bier, zu den *Pelmenis* (Teigtaschen). «Wir Russen trinken nicht zum Essen, wir essen zum Trinken», klärt uns Jurij auf, während er ernsthaft über den Rand seiner Brille schaut. Aromatischer Tschai mit Schokoladenstückchen und zuckersüße Kekse runden den Nachmittag ab. Wir werden unruhig, es wird Zeit, wir müssen zurück.

Und da sind sie wieder, die Visionen vor unserem inneren Auge: die unendlich langen Schienenstränge, auf denen unendlich lange Züge in die unendliche Weite Sibiriens eilen. Morgen Nacht ist es so weit. Jurij und Wowa gehen noch einmal durch den kleinen Gemüsegarten, die Erdbeeren blühen, die Kartoffeln stehen gut, und die Apfelblüte verheißt eine gute Ernte. Wir umarmen Luba zum Abschied. Danke für eure Herzenswärme, für eure Gastfreundschaft, es war schön bei euch! Wir schreiben, wie es uns ergangen ist. *Do Svidanja!*

Unruhe in der Nacht vor der Abreise

Unruhig schlafen wir ein. Es ist die letzte Nacht vor unserer Abreise. Im Hotelflur schlagen die Türen. Helles Lachen, Flaschenklirren dringt in unser Unterbewusstsein. Alle zehn Minuten löst draußen eine Autoalarmanlage ihre durchdringende Melodienfolge aus. Ein schönes Spielzeug, das nervt! Wir sitzen senkrecht im Bett, hellwach. Was tun? Lesen, das hilft, lesen über die Transsibirische Eisenbahn und die Bahnhöfe Moskaus. Wo beginnt unsere Reise morgen Nacht?

Wer in Moskau eine Vorstellung von der Verschiedenartigkeit des multinationalen Völkergemischs zwischen Kiew und Ulan-Ude, zwischen Polarmeer und Schwarzmeerküste gewinnen und dabei noch ein bisschen Architekturgeschichte studieren möchte, der sollte die Moskauer Bahnhöfe anschauen. Vom Rigaer Bahnhof (Rischski) fahren die Züge in die baltischen Staaten, vom Kijewski (Kiewer Bahnhof) nach Prag, Budapest und Wien. Reisen nach Warschau und zu den westeuropäischen Städten beginnen am Belorussischen Bahnhof.

Am Kursker Bahnhof trifft man dann auf die Menschen des asiatischen Teils der ehemaligen Sowjetunion, Georgier, Armenier und Aserbaidschaner, Kaukasier, Kasachen oder Usbeken. Am Komsomolskaja ploschtschad, dem Komsomolzen-Platz, liegen gleich drei der bedeutendsten Bahnhöfe Moskaus: der St. Petersburger (Leningrader) Bahnhof – von hier aus reist man nach Sankt Petersburg, Tallinn und Helsinki; der Kasaner Bahnhof, ein reich verziertes Bauwerk, in den Jahren 1913 bis 1926 vom berühmten russischen Architekten Schtschussew errichtet – hier kommen nicht nur Reisende aus Irkutsk, Almaty oder Samara an, er ist auch Start- und Endpunkt für die Sonderzüge der Transsibirischen Eisenbahn, für «Zarengold» oder den «Rus-Baikal-Express»; und schließlich der Jaroslawler Bahnhof, ein schönes Beispiel für den russischen Jugendstil von Fjodor Schechtel. Von diesen Gleisen starten die Regelzüge der legendären Transsibirischen Eisenbahn, die über eine Strecke von 9288 Kilometern die Hauptstadt Russlands mit dem Japanischen Meer verbindet.

Kilometer 0 – Meile 0 in den «Wilden Osten»

**Im Jaroslawer Bahnhof, Moskau:
Kilometer Null der Transsib-Strecke**

Und noch einmal treffen wir Jurij. Punkt 23.30 Uhr holt er uns ab, verfrachtet unsere zwei Reisetaschen, zwei Rucksäcke, Filmtasche und Stativ in den schwarzen Volga und fährt uns durch das zauberhafte Lichtermeer der Stadt zum Jaroslawler Bahnhof. «Kommt ihr damit aus für die lange Zeit?», fragt er, obwohl der Volga rappelvoll ist. «Wir müssen», seufzt Peter in dumpfer Vorahnung dessen, was auf ihn zukommt, «das ist eigentlich immer noch zuviel!» Und dann stehen wir vor dem Jaroslawler Bahnhof und trauen unseren Augen nicht: Bauplanen verhüllen die Jugendstiltürme, eine gekreuzte Bretterbarriere verschließt den Zugang ins Innere. «Alles Geld fließt nach Moskau, das ist das reinste Restaurierungsfieber! Vielleicht ist der Bahnhof ja fertig, wenn ihr zurückkommt», tröstet Jurij uns, umarmt Peter nochmals rechts und links mit dem angedeuteten russischen Männerkuss und fährt zurück in die Nacht.

«Abfahrt 0.43 Uhr, Zug Nr. 44, Waggon 11», steht auf dem rosa-braunfarbenen Billett mit dem in Gold geprägten Emblem des russischen Eisenbahnministeriums. Plätze 21 und 22 – ein Zweibettabteil für die ersten 957 Kilometer bis Kirow. Suchend blicken wir uns um. Vor uns liegt der aufgerissene staubige Bahnsteig, an dessen Ende, unendlich weit entfernt, ein dunkler Zug auf die Reisenden wartet. Peter zieht fluchend unsere Taschen durch die nicht enden wollende Sandpiste, bis Waggon 11 erreicht ist. Eine schläfrige Zugbegleiterin – so die offizielle Bezeichnung für die *Provodniza* – ohne Uniform, dafür in

Hausschuhen, nimmt uns in Empfang. Wir fahren mit dem «Amur» in ziemlich abgewirtschafteten Waggons der Transsibirischen Eisenbahn. Vier rote Kunststoffliegen, die oberen wegklappbar, auf denen sauber zusammengerolltes Bettzeug liegt, befinden sich in dem Viererabteil zur Zweierbenutzung. Ein kleiner ovaler Klapptisch vor dem Fenster, dessen braune Ornamentikgardinen den Staub der Jahrhunderte in sich tragen, und ein breiter Spiegel an der inneren Abteiltür runden die «Möblierung» ab. Erst einmal die Reisetaschen aus dem Weg und die Filmtasche an einen kühlen Platz, einigen wir uns, und Peter lässt das Gepäck in den rechteckigen Metallkästen am Boden der unteren Liegen verschwinden. Gottseidank, das passt!

Eigentlich sollte man Qualität, Komfort und Ausstattung der Züge an ihren Nummern erkennen können. Je kleiner die Zahl, desto besser der Zug. Zweistellig, unter hundert, ist auch noch passabel, nur ab dreistelligen Ziffern wirds kritisch. «Dann haben wir wohl mit dieser Nr. 44 die Ausnahme von der Regel erwischt», werfe ich ein, verteile ein paar hübsche Blumenservietten auf dem Tischchen und besorge schon einmal vorsorglich die hohen russischen Teegläser in ihren kunstvoll ziselierten

Nächste Doppelseite
Karte der Transsib-Strecke

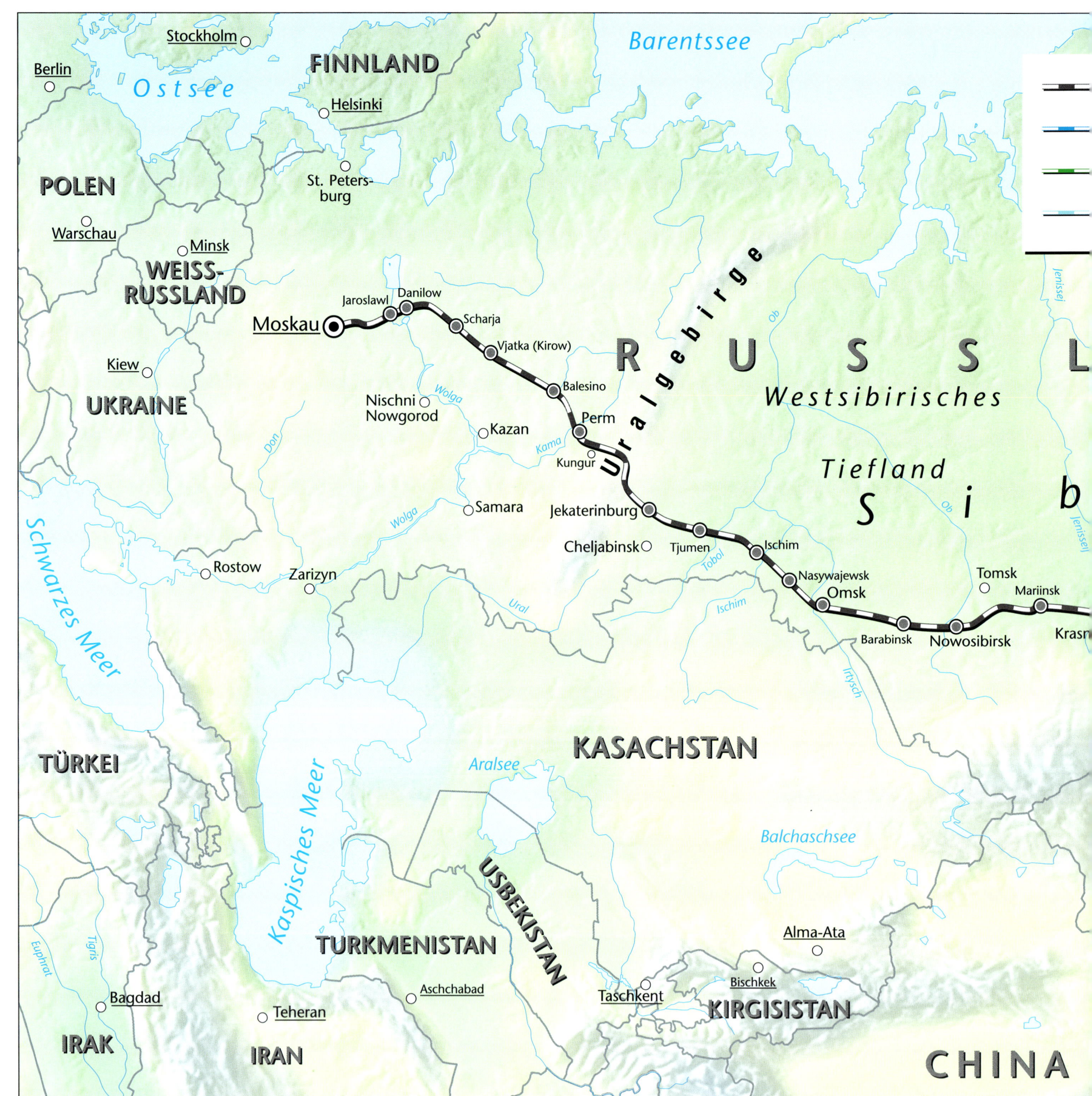

Verlauf Transsibirische Eisenbahn

Baikal-Amur-Magistrale (BAM)

Transmongolische Route

Transmandschurische Route

Mittelsibirisches

A N D

Bergland

i r i e n

Angara

Lena

Jakutsk

Ochotskisches Meer

Sachalin

Tynda

Komsomolsk am Amur

Skoworodino

Jerofeij Pavlovitsch

Sovetskaja Gavan

Mogotscha

Schimanowsk

Tajschet

Bratsk

Belogorsk

Archara

Bira

Chabarowsk

Amur

Blagowesch-tschensk

Ilanskaja

Tschernyschewsk-Sabaikalskij

Wjasemskaja

Sima

Sretensk

Irkutsk

Kaymskoje

Listwjanka

Port Baikal

Mogson

Baikal-see

Mandschurei

Rushino

Sljudjanka

Tschita

Ussurijsk

Ulan-Ude

Chilok

Petrovskij Zavod

Harbin

Nachodka

Wladiwostok

Japanisches Meer

Ulan-Bator

Changchun

MONGOLEI

CHINA

NORD-KOREA

JAPAN

Tokyo

Erlian

Shenyang

Pyongyang

Seoul

Peking

Dalian

SÜD-KOREA

Datong

Tientsin

Gelbes Meer

Huang He

Ussuri

Pazifischer Ozean

0   1000 km

© KARTOGRAPHIE Peh & Schefcik, Eppelheim

terra magica

Silberhalterungen, die es so nur bei der Transsibirischen Eisenbahn gibt.

Unmerklich hat sich inzwischen der Zug in Bewegung gesetzt, ohne Mahnung, ohne Pfiff, wir rollen. Rumpelnd stößt die Provodnika unsere Abteiltür auf, die Arme voll bepackt mit frischen Bettbezügen. «74 Rubel bitte und das Billett – ach, ihr fahrt nur bis Kirow, ich sage rechtzeitig Bescheid.» «Wieso 74 Rubel, und die Betten müssen wir auch noch selber machen?», knurrt Peter und fügt sich in sein Schicksal. Im Gang unseres Waggons herrscht noch das reinste Chaos. Pappkartons, Tüten und die beliebten russischen Karoplastiktaschen in allen Größen und Farben als Kofferersatz stapeln sich vor den Abteilen auf dem Flurläufer, den die Provodniza sicherheitshalber mit einer rutschigen Plastikfolie geschützt hat. «Das kann ja noch heiter werden», sagt Peter und zieht seine Nase wieder in unser Abteil zurück.

Immer schneller gleiten die Lichter der Moskauer Vororte vorbei, der Zug nimmt Fahrt auf. «Das Wasser ist aufgeheizt, wollt ihr heißen Tee?» Unsere Provodniza schiebt fragend ihren Kopf durch die Abteiltür. Im Gang herrscht Grabesstille, wie von Geisterhand ist alles Gepäck in den Abteilen verschwunden. Sie setzt sich noch einen Augenblick zu uns und fragt, was uns in diesen Zug verschlagen hat. Verlegen kramt sie drei deutsche Worte aus ihrer Erinnerung: «Ich Name Irina», dann muss sie wieder an die Arbeit, der erste kurze Halt, für zwei Minuten, kündigt sich an.

Abramcevo, lesen wir mit angestrengtem Blick auf die spärlich erleuchteten Gleise, und fünf vor zwei auf der Bahnhofsuhr. Ab ins Bett, es wird höchste Zeit für unsere erste Nacht auf Schienen! Ein rhythmisches «Dadong, Dadong» schaukelt uns in den Schlaf, während der Zug durch die dunkle Nacht eilt, vorbei an den goldenen Kuppeln von Sergiev Possad, dann Aleksandrow, Residenz Iwan des Schrecklichen, nachdem er die Moskauer Bojaren für den Tod seiner geliebten Frau Anastasia verantwortlich machte, «Zar der ganzen Rus», des ersten Terrorregimes Russlands, und Jaroslawl, Stadt an der Wolga, «Mütterchen Wolga», Russlands Fluss der Flüsse. Dieser Fluss hat alles gesehen. Als Fernwasserstraße, auf der einst die byzantinische Kultur ins Land kam und heute Frachten, Erze, Öl transportiert werden, an deren Ufern die schreckliche, entscheidende Schlacht des Zweiten Weltkrieges geschlagen wurde – Stalingrad – und die Erinnerung wach wird an all die Russlanddeutschen, einst, um 1760, von Katharina der Großen ins Land gerufen, um ein «blühendes Russland» zu schaffen.

Nach dem Überfall Hitlers auf die Sowjetunion waren sie über Nacht zu Volksfeinden – Kollaborateuren – erklärt worden und mussten binnen 24 Stunden ihre Heimat an der Wolga, der Ukraine, auf der Krim und im Kaukasus verlassen. Unter Stalin wurden sie verschleppt, nach Sibirien und Mittelasien zwangsdeportiert und in Arbeitslager gesteckt. Wie viele damals ums Leben kamen, kann nur geschätzt werden. Der Traum einer eigenen Wolgarepublik blieb zurück, ein Traum ohne Erfüllung. Zu viel Zeit ohne eigene Sprache, Schulen und Kirchen ist darüber vergangen, und viele sind nach Deutschland zurückgekehrt, in das Land ihrer Urahnen, obwohl Russland eigentlich ihre Heimat ist.

Kilometer 450: Buj

Ein schrilles Kreischen, ein harter Ruck reißen uns aus unseren Träumen. Wo sind wir? Strahlender Sonnenschein blendet uns durch die schmutzigen Scheiben, die

Fenster im Zug

Altrussische Fensterläden

schon längere Zeit kein Wasser mehr gesehen haben müssen. Eilige Menschen hasten mit Sack und Pack über den Bahnsteig, einige steigen aus, und unsere Irina steht auf dem Bahnsteig, schmuck in schwarzer Uniform mit Namensschildchen am Revers. «Das ist Buj», sagt sie, als wir unsere Nase durch die Tür ins Freie halten, «dahinten gibts noch allerlei Gutes zum Frühstück, oder habt ihr alles dabei?» Dazu muss der Russlandreisende wissen, dass Frühstück hier ein halbes Mittagessen bedeutet, warme und kalte Speisen mit Gemüse, Salaten, Fleisch und Blini, den unverzichtbaren Pfannkuchen, nicht unbedingt jedermanns Sache, vor allem nicht für norddeutsche Mägen. «Ich möchte erst einmal die Lokomotive sehen»,

wende ich ein und vertage das Problem auf später, außerdem gibts ja einen Speisewagen. «Eine Lokomotive?», wendet Peter ein, und tatsächlich, eine WL-80-Doppellok zieht mit 8500 PS die 19 Waggons mit einer Länge von je 23 Metern, das macht insgesamt eine Zuglänge von … Wir kommen nicht mehr zum Weiterrechnen, ein Provodnik von Waggon 1 zupft uns am Ärmel. «Einsteigen, wir fahren ab, die zehn Minuten sind um.» Tröstlich, die Provodniki haben alles im Griff und erkennen an der Nasenspitze, wer mitfährt oder nicht.

Schaukelnd und schwankend hangeln wir uns über die sich hin und her schiebenden Verbindungsplanken von Waggon zu Waggon, begleitet von Höllenlärm und kalter Zugluft. Unter uns sehen wir durch einen schmalen Spalt die Gleise hinwegflitzen. Bis zur Nr. 11, das wird lang! Die Erstklasswaggons haben je zwei Liegeplätze in neun Abteilen, die zweite Klasse umfasst je vier Doppelstock-Liegeplätze in neun Abteilen, und die dritte (Holz-) Klasse 58 Liegen im ungeteilten Innenraum. Davon gibts aber nur noch einen Waggon in unserem Zug, stellen wir fest.

Am Anfang und Ende eines jeden Waggons befinden sich je ein kombinierter Toiletten-/Waschraum rundum in Edelstahl, die «Raucherecke» am isolierten Ende des Waggons und natürlich der Samowar gegenüber dem Provodniki-Abteil. Bei Waggon Nr. 5 machen wir erst einmal Zwischenstopp – natürlich, das Wort *Restoran* hat mich magisch angezogen. Leer ists hier, zwei müde Provodniki löffeln ihre Suppe – Borschtsch zum Frühstück mit ein wenig trockenem Brot, das wars! Ernüchtert laufen wir weiter und treffen kurz vor unserem Abteil ein junges Mädchen mit weißem Spitzenhäubchen, Servierschürze und einem Bauchladen, in dem allerlei Leckeres zum Verkauf liegt. Teigtaschen mit Zwiebel- und Fleischfüllung oder süßer Marmelade, das ist es doch, damit kann man leben!

Wir sind die einzigen Fremden unter all den Russen und werden verstohlen von der Seite gemustert. Die Tür zu unserem Abteil ist verschlossen, wir kommen nicht mehr hinein, und Irina ist auch nicht in Sicht. Unser Nachbar, ein stattlicher Russe mit dunklem Haar, ausgefranstem dunklem Schnauzbart und ebenso dunklen Augen, schaut um die Ecke: «Wollt ihr euch nicht zu uns setzen? Irina frühstückt mit der Kollegin in Waggon 12, und wir haben noch genügend Wurst, Tomaten und Gurken. Ihr müsst Bescheid sagen, wenn ihr weggeht, Langfinger gibt es überall, auch wenn wir Russen ehrliche

Leute sind!» Zustimmend nickt Jelena, seine Frau, eine von vielen Jelenas, denen wir auf dieser Reise noch begegnen werden. Wir bedanken uns bei den beiden und versichern, dass wir stets alle Wertsachen bei uns tragen und die Kameras noch mit ins Bett nehmen, falls nötig, was zumindest die halbe Wahrheit ist. Inzwischen ist Leben in unseren Waggon eingekehrt. Mit Waschzeug, Handtüchern und Zahnbürste bewaffnet, wandern unsere Reisegenossen über den Gang, aus allen Abteilen dringen Essensgerüche, von sauren Gurken, Kartoffelsalat, Tee und Kaffee bis hin zu unseren Zwiebelteigtaschen. Das ist ein Frühstück!

Satt und zufrieden kehrt Irina zurück. Energisch scheucht sie alle Herumstehenden in ihre Abteile, zupft den Gangläufer an jedem seiner Enden zurecht, um ihn dann gnadenlos mit dem Staubsauger zu bearbeiten. Neugierig gleitet unser Blick aus dem Fenster. Zartgrüne Birkenwäldchen mit schneeweißen dünnen Stämmen, dunkle moorige Sümpfe, eine rot-weiße Schranke, an der ein Traktor wartet, windschiefe Holzhäuser mit reichverzierten Fenstern, eine Babuschka am Gartenzaun und kleine Landstationen, an denen Bahnwärter mit eingerollter Fahne die Fahrt freigeben, ziehen zum hellen Klang der Räder auf den Schienen an uns vorbei. Stunde um Stunde verrinnt, weiches Nachmittagsstreiflicht wirft unseren Schatten auf die grünen Wiesen als eilten wir dem Zug voraus.

Dann, plötzlich, ändert sich das Bild. Güterzüge über Güterzüge kommen aus dem Nichts und versperren die Sicht auf die Landschaft. Kohle, Erze, Kies und Sand rollen langsam an uns vorüber, von allen Seiten laufen

Bilder rechts
Gegenverkehr zwischen Moskau und Kirow

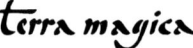

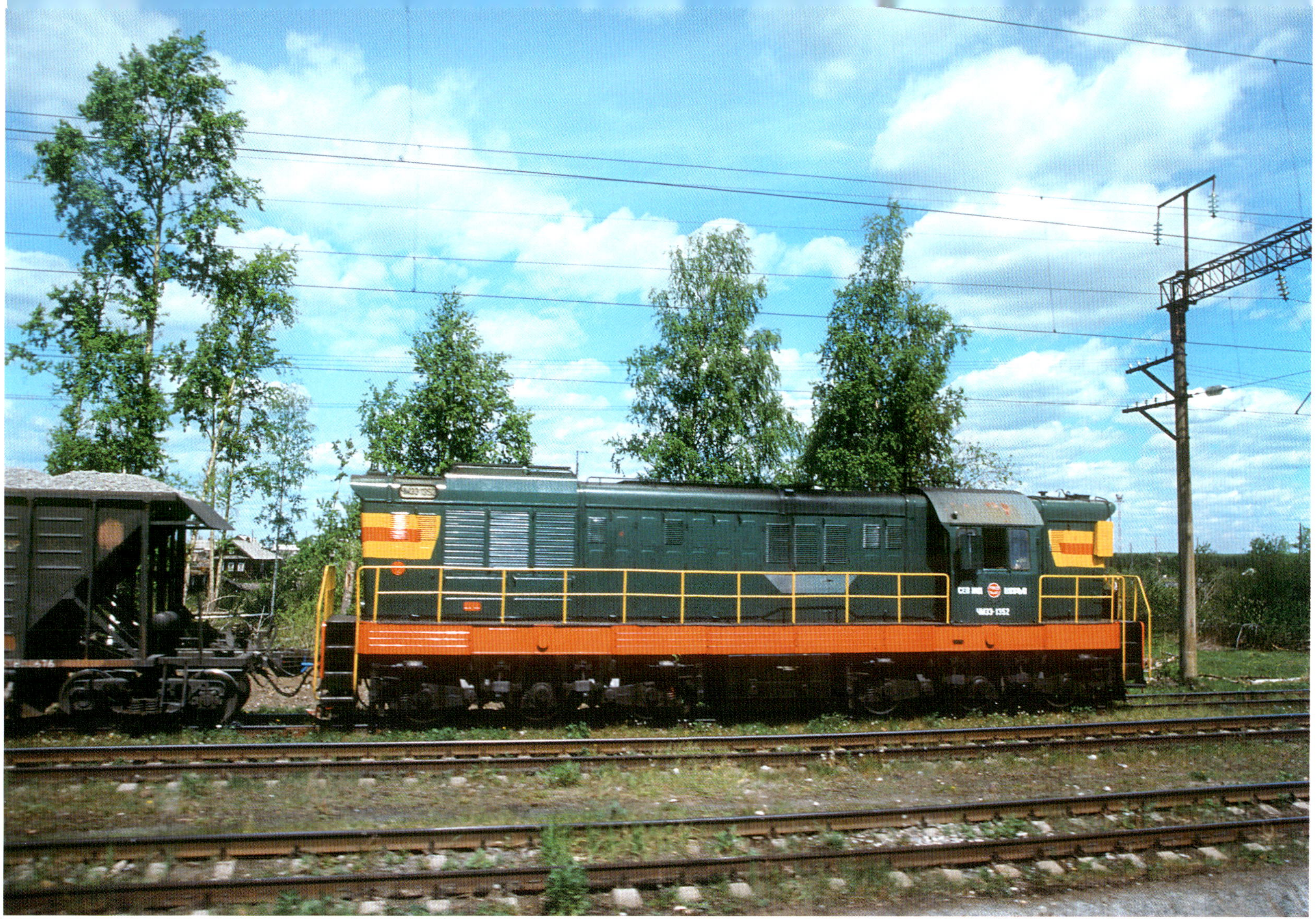

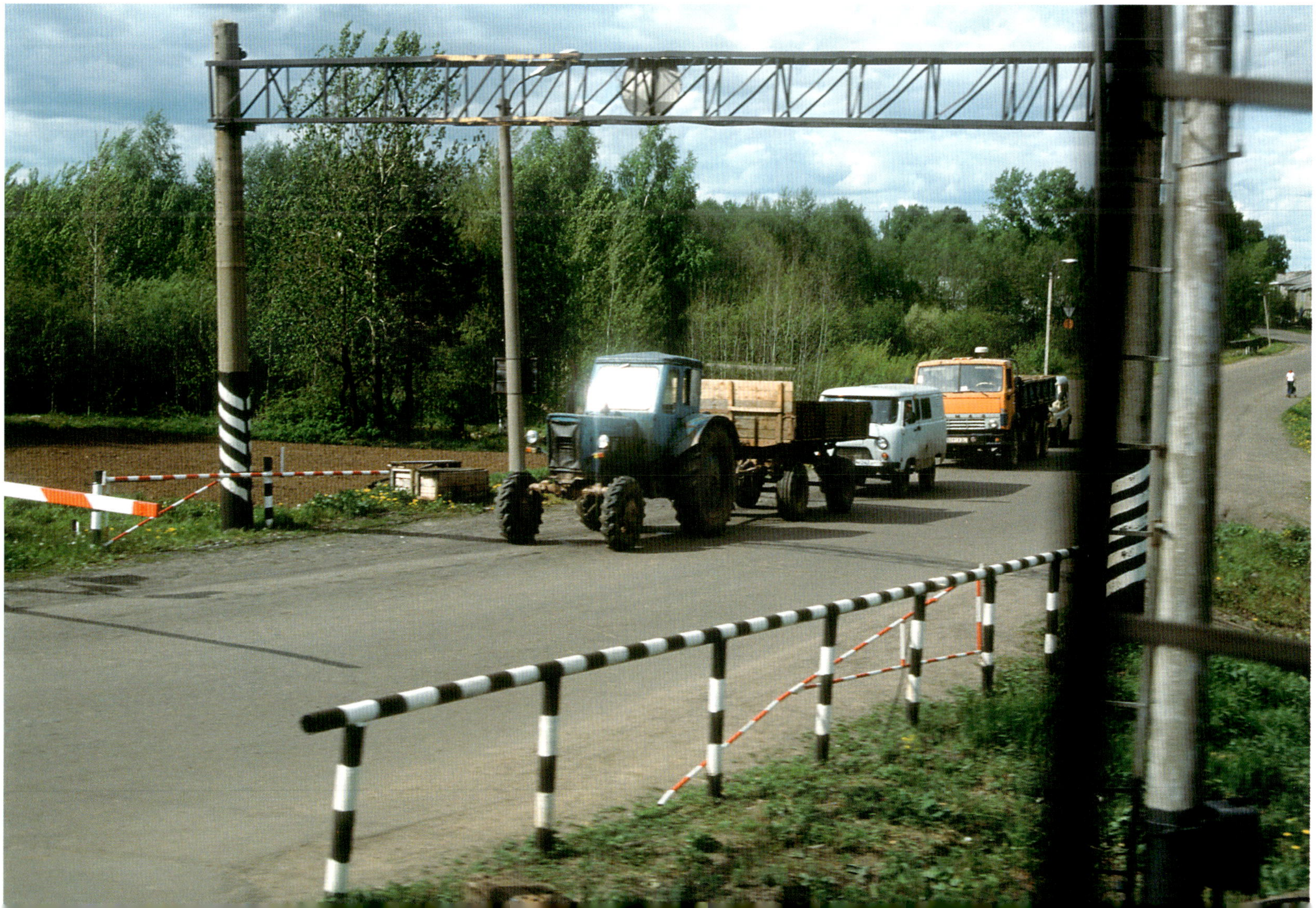

Schienenstränge auf uns zu, nehmen uns in die Mitte, um gemeinsam mit uns in den Bahnhof einzufahren.

Kilometer 957: Vjatka (Kirow)

Woksal – Bahnhof steht in großen Lettern auf dem in Seegrün und Weiß herausgeputzten Bahnhofsgebäude der Stadt, die heute wieder Vjatka heißt, nach dem gleichnamigen Fluss, an dessen linkem Ufer sie sich hinzieht. Einst ein florierendes Zentrum des Pelzhandels, wurde Vjatka im 19. Jahrhundert zum westlichsten Verbannungsort auf dem Weg nach Sibirien. Felix Dscherschinskij, der später den gefürchteten KGB ins Leben rief, verbrachte hier vier Jahre in der Verbannung. Den Namen Kirow trug die Stadt von Mitte der Dreißigerjahre bis 1995 nach dem ermordeten Leningrader Parteiführer Sergej Kirow, der sich einer solchen Beliebtheit erfreute, dass er zum ernsthaften Konkurrenten Stalins avancierte.

Vermutungen sprechen von einem geheimen Befehl Stalins zur Ermordung Kirows, wofür dann letztendlich antistalinistische Untergrundkämpfer verantwortlich gemacht wurden. Das war der Anlass für Stalins Terrorregime, in den folgenden fünf Jahren eine grausame Säuberungsaktion zu initiieren. Mehr als eine Million Menschen wurden ermordet, 15 Millionen verhaftet und in sibirische Arbeitslager zwangsdeportiert. Auch heute noch kontrolliert der FSB, der Nachfolger des KGB, das Leben in der Stadt, wie wir am eigenen Leibe erfahren müssen.

«Eta pravincia», lächelte Luba, als wir auf der Datscha von unserer ersten Reiseetappe erzählten. Und wirklich, Kirow ist eine typisch russische Provinzstadt mit bröckelndem Putz an den historischen Fassaden, die schon lange keine Farbe mehr gesehen haben. «Alles Geld fließt nach Moskau», bestätigt auch Jelena, die das kleine Motel in der idyllischen Seitenstraße managt. Helle Glasbogenfenster, frisch lackierte Holzdielen, Yuccapalmen auf der Empore und wandlange Ölgemälde mit Motiven aus der Stadtgeschichte schaffen eine gemütliche Atmosphäre, in der man sich gleich zu Hause fühlt. «Es gibt da ein Problem», fährt sie in bestem Englisch fort, «die Stadt hat kein Heißwasser für die nächsten vierzehn Tage, im Sommer werden alle Reparaturen durchgeführt – das ist unser System. Wir bringen euch gleich zwei Eimer mit Heißwasser, wenn ihr euch ein wenig frisch machen wollt.»

Jelena kommt eigentlich aus Krasnojarsk, wo sie Sprachen studiert hat. Ein gutes Angebot zum Aufbau der städtischen Touristikzentrale hat sie nach Kirow verschlagen. «Bis 1993 waren wir hier noch eine geschlossene Stadt», erzählt sie, die wieder erstarkende Wirtschaft nach der Öffnung, hauptsächlich die Holzindustrie und der Teilebau für die Flugzeugproduktion, zogen eine Menge Geschäftsleute an. «Aber das ist auch schon wieder vorbei, Touristen gibt es hier sowieso nicht, und das Fremdenverkehrsbüro wurde ganz schnell wieder geschlossen, ich verwalte nur noch das Archiv. Danach hatte ich ein paar schlecht bezahlte Jobs im Hotelmanagement, und jetzt bin ich hier. Wenn ihr wissen wollt, wie es in Kirow ist, dann erzähle ich euch noch schnell eine kleine Geschichte. Kirow hat so an die 340 000 Einwohner, aber im Prinzip kennt hier jeder jeden. Eines Tages – nach der Öffnung – reiste eine junge Biologin aus unserer Stadt in die USA. Sie war aufgrund hervorragender Leistungen eingeladen worden, dort an einem Forschungsprojekt teilzunehmen. Wie das Leben so spielt, verliebte sie sich in ei-

Bilder rechts
Im und vor dem Bahnhof Kirow

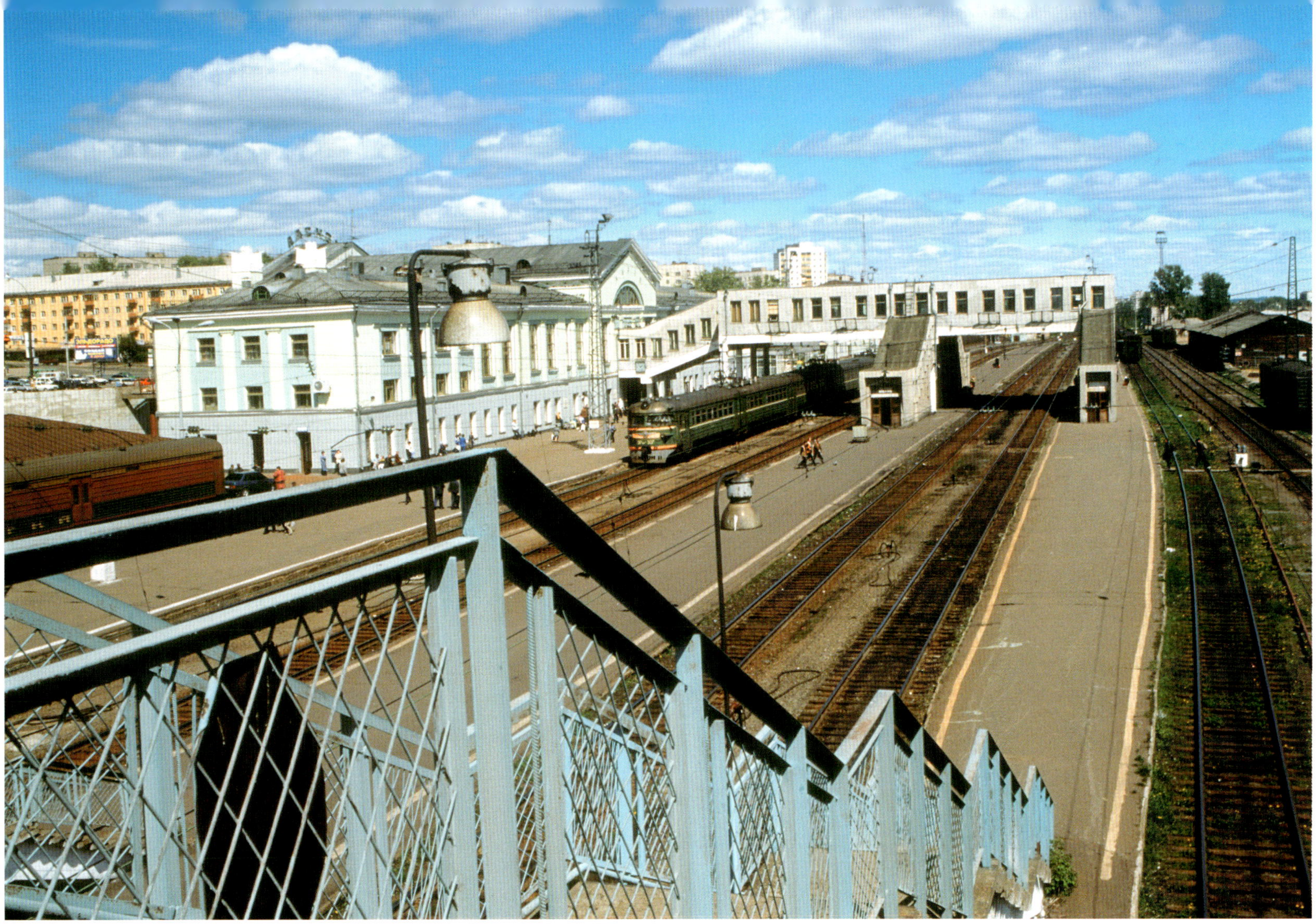

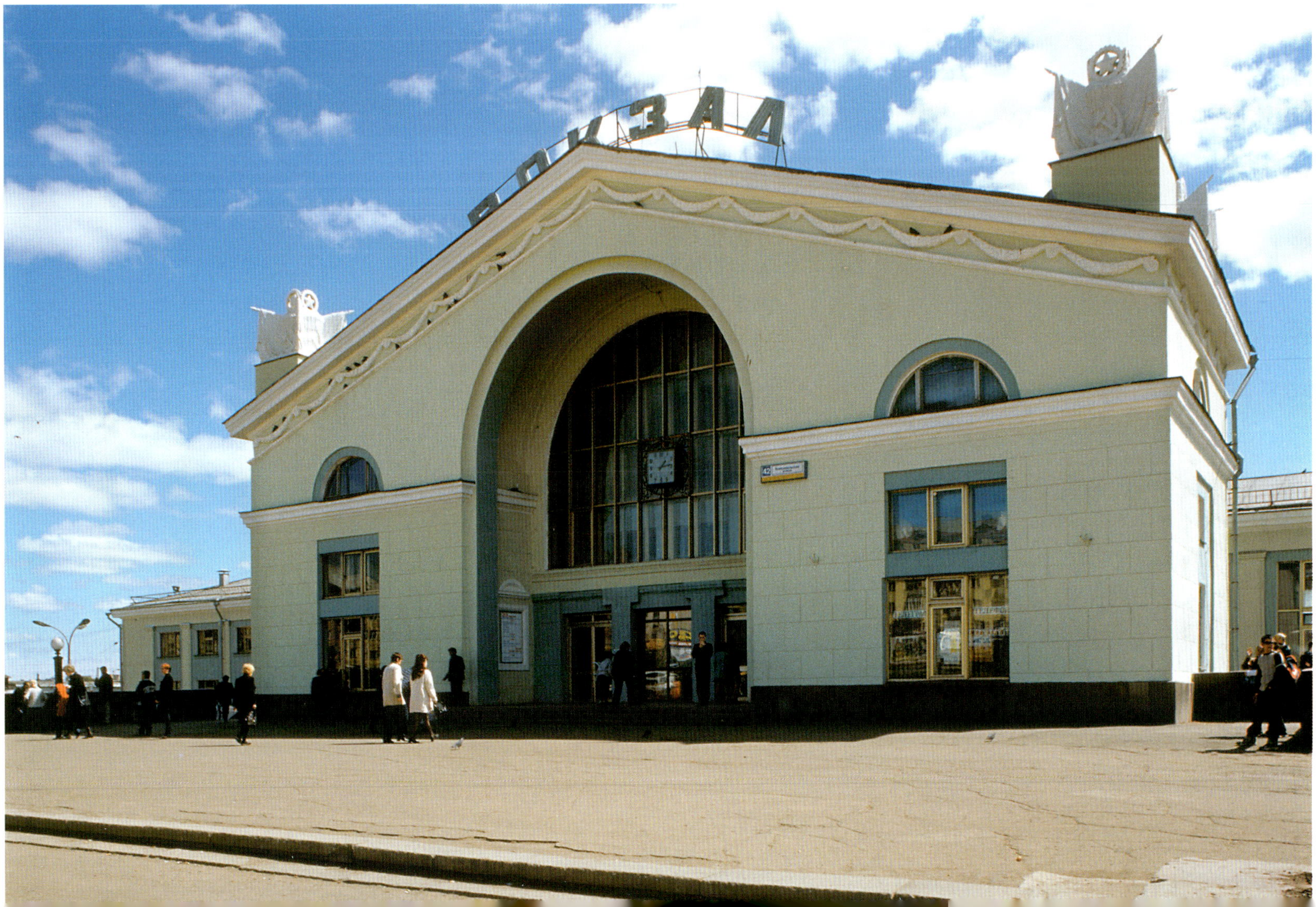

nen jungen Kollegen, allerdings einen Schwarzen. Als sie nun nach Kirow zurückkehrte, um ihren Verlobten der Familie vorzustellen, lief die ganze Stadt zum Bahnhof. Staunend gaffte die Menge, man hatte noch nie einen Schwarzen in natura gesehen.» «Und ihr», fügt sie rasch hinzu, «passt gut auf euch auf, in der ganzen Stadt gibt es keine Ausländer, ihr seid hier auch Exoten.» Lachend verabschieden wir uns von Jelena und marschieren erst einmal zurück zum Bahnhof. Es ist schönes Wetter, blauer Himmel mit hübschen weißen Tupfenwolken, ideal für Aufnahmen. Keine zehn Minuten sind vergangen, da passiert's.

Umringt von drei Milizionären mit bitterbösem Gesicht, den Gummiknüppel im Anschlag, führt man uns ab in die Bahnhofskommandantur. Mit weichen Knien erklären wir uns in magerem Russisch, betonen, dass wir keine Spione sind und rücken freiwillig zum Beweis unsere Kartatschka samt Empfehlungsschreiben heraus, womit besagte drei Wachposten auf Nimmerwiedersehen verschwinden, wie es uns scheint. Endlich, nach fast einer Stunde, erscheint einer der drei, gewichtig dreinschauend, gibt unsere Papiere zurück und bedeutet mit einem halbwegs freundlichen «o. k.», dass wir gehen können.

Ich atme tief durch, na gut, dann können wir ja loslegen. Kaum sind wir auf der Fußgängerbrücke über den Bahnsteigen, kommt wütend einer der Wachposten wieder angelaufen, kreuzt demonstrativ die Arme vor uns – nichts geht mehr – und brüllt: «Njet, fotografieren verboten, verschwindet, bevor es ernst wird.» Fassungslos kommen wir dieser unmissverständlichen Aufforderung nach und laufen über die Brücke zum anderen Ende der Stadt, gefolgt, wie wir erst später bemerken, von einem jüngeren Russen in eierschalenfarbenem Anzug – ein eher ungewöhnlicher Aufzug inmitten all der grauen und schwarzen Einreiher – mit dem für «Bisinisminn» unverzichtbaren Ziehharmonikahandtäschchen am Handgelenk.

Unaufgefordert hält er uns seinen Ausweis unter die Nase, dessen Bedeutung wir so schnell nicht erkennen können. Er ermahnt uns in holprigem Englisch, nicht weiter aufzufallen und erklärt dann immerhin, dass Brücken, Gleisanlagen, Züge und vor allem Bahnhöfe strategische Objekte und sowohl innen als auch außen geschütztes Militärgebiet sind. Peters Unmut schwillt langsam, aber sicher an, ihm reicht's. Was denn, bitteschön, eine Transsib-Lok oder ein Bahnhofsgebäude mitsamt den wunderschönen Gemälden darin mit militärischen Geheimnissen zu tun hätten, und dass wir alle heutzutage mit Russland, England und den USA in Freundschaft und Frieden lebten. Dazu fallen noch ein paar passende politische und monetäre Anmerkungen, die ich lieber überhöre. Die Reaktion kommt unerwartet: Leise, ohne uns anzuschauen, sagt er: «Iswinitje – Verzeihung», deutet mit einem Fingerzeig nach oben, dass nicht er, sondern die über ihm das Sagen hätten, und geht. Später wissen wir, dass er eine untere Charge des KGB war und es beim FSB immer noch ist.

«Das ist ein toller Tag heute», klage ich, «wie wärs mit einem kleinen Stadtrundgang zum Abschluss?» Misslaunig bummeln wir noch ein wenig am Ufer der Vjatka entlang und schauen beim Jungfrauen- und Uspenskij-Trifonov-Kloster hinein. Müde und genervt treten wir den Heimweg an, zu viel geht uns durch den Kopf, aber es ist noch nicht aller Tage Abend. Ein eigenartiges Gebäude in rotem Backstein erregt unsere Aufmerksamkeit, ein «Scottish Castle» mit Zarenadlern auf den Türmchen und steinernen Löwen im Entrée. Entzückt von dieser architektonischen Extravaganz richte ich die Kamera aus und bin schon wieder von Milizia umringt, die blitzschnell ver-

**Kirow: Hauptquartier des Geheimdienstes FSB,
besser bekannt unter dem alten Namen KGB**

sucht, ein Bild zu verhindern. Jetzt ist es an mir, lautstark zu protestieren, und zwar in Deutsch, Englisch und für den Rest in Russisch. Wie von Geisterhand öffnet sich das schwarze schmiedeeiserne Tor und herausgestürzt kommt ein kleiner untersetzter Russe im schwarzen, edlen Zweireiher. Wütend halte ich ihm meine Sondergenehmigung vor die Augen, sage vor lauter Aufregung dazu Kartoschka statt Kartatschka, was so viel wie Kartoffel heißt, und empöre mich lauthals, dass dieses Gebäude mitten in der Stadt kein militärisches Objekt sei.

«Haben Sie je etwas vom Geheimdienst gehört?», fragt er mit gefährlich leiser Stimme in exzellentem Oxford English. «It's the FSB», und zwar das Hauptquartier und

fügt mit Blick auf unseren Presseausweis hinzu: «Ach Sie sind das, wir kennen Sie schon, von der Railway Station!» Nun wird uns alles klar, deshalb mussten wir so lange auf der Bahnhofskommandatur warten, wir sind erst einmal vom FSB gründlich überprüft worden. «Sie sollten sich einen Guide von Intourist holen, dann kann Ihnen nichts passieren», empfiehlt er jovial, «kann ich bitte Ihr Visum sehen, wie lange bleiben Sie noch?»

Wie immer im richtigen Leben liegen die Pässe noch an der Rezeption zur Registrierung und so laufen wir, den FSBler in der Mitte, gemeinsam zum Motel zurück. «It's cosy here», begrüßt er Jelena aalglatt, währenddessen die Sicherheitsposten, die für ein jedes Hotel Pflicht sind, strammstehen, lässt sich die Eintragungen in unseren Pässen übersetzen und verschwindet so schnell, wie er gekommen ist. «Ach was, don't worry about that», tröstet uns Jelena, «nun sind einmal zwei Ausländer in unserer Stadt, da müssen sie sich wichtig tun, die haben doch gar keine Aufgabe mehr.» Dann bringt sie uns Piroggen (mit Reis und Gemüse gefüllte Teigtaschen), ein deftiges Brisolett und Salat. Da haben wir doch unsere leisen Zweifel – Goodbye, Jelena, machs gut und danke, dass du uns Mut gemacht hast!

Zug Nr. 87: Kirow–Perm

Zwei Uhr mittags zeigt die Bahnhofsuhr, hier ist noch Moskauer Zeit. Mit Sack und Pack stehen wir auf dem Bahnsteig – keiner unserer «Milizia-Freunde» lässt

Bilder nächste beiden Seiten
* **Jungfrauenkloster in Kirow**
* **Trifonow-Kloster in Kirow**

Bleibende und Reisende in Kirow

sich blicken – und warten auf die Anzeige, auf welchem Gleis der Zug einfahren wird. Nichts passiert. Regionalzüge und Elektritschas (russische S-Bahn) laufen ein und fahren wieder ab, Durchsagen dröhnen in unseren Ohren, die wir nicht verstehen. Wir werden unruhig, eigentlich müsste der Zug schon seit einer halben Stunde auf dem Weg nach Perm sein. Ist er früher gefahren? Langsam bricht der Angstschweiß aus. Was tun, wenn dem so ist, und wie kommen wir auf dem schnellsten Weg nach Perm, natürlich per Zug?

Wie aus dem Boden gestampft steht plötzlich ein junger Mann, so um die 30, in einer tristen grauen Regenjacke mit schmalem, kantigen Gesicht und stahlblauen Augen vor uns. Er spricht ein paar Brocken Deutsch, schaut sich unser Billett an und läuft zurück ins Bahnhofsgebäude. Gespannt warten wir auf seine Rückkehr. Wortlos ergreift er eine unserer Reisetaschen, springt vom Bahnsteig hinunter auf die Gleise, klettert auf der anderen Seite wieder hinauf, springt wieder hinunter und bedeutet uns, ihm schnell zu folgen. Vorsichtig schleppen wir unser restliches Gepäck über die verölten Schwellen hinterher. Drüben, auf Gleis 4/5, steht der Zug Sankt Petersburg–Tscheljabinsk. Wir laufen bis ans Ende, aber einen Waggon Nr. 20 gibt es nicht. «Zu spät», sagt die Provodniza, «eine Stunde zu spät», und hebt die rechte Hand mit der gelben eingerollten Fahne zur Abfahrt. Wie einer

Fata Morgana schauen wir dem langsam anrollenden Zug hinterher. «Das kann nicht sein», entgegne ich, «das kann einfach nicht sein, wir sind seit einer Stunde hier.» «Wartet», sagt unser Helfer, springt behände von Gleis zu Gleis und verschwindet wieder im Bahnhof. Als er zurükkommt, sehe ich das erste Mal ein strahlendes Lächeln. «Zug zu spät, zwei Stunden spät. Ich warte, ich viel Zeit, sehr viel Zeit, habe nicht mehr Arbeit, habe guten Freund im Bahnhof.»

Wir denken noch lange an ihn, als unser Zug zu dem nun eintönig klingenden «Dadong, Dadong» Stunde um Stunde an Schrotthalden, öden, verfallenen Fabrikanlagen und verlassenen Kombinaten vorbeifährt, in denen einst Tausende für den Aufschwung des Landes im Glauben an den Sieg des Kommunismus ihre Kraft, ihren Idealismus eingesetzt hatten. Vorbei, vorbei, Zuevka, Glasow, Balezino, vorbei ...

Ein sanftes Knirschen reißt uns aus unseren Gedanken, der Zug verlangsamt seine Fahrt, der nächste Halt kündigt sich an. Zwei Minuten in Tschepca, Kilometer 1226. Hier kommen wir in den Bereich der Uralbahnverwaltung, lese ich, und denke an den Ural, Schnittstelle und Klimascheide zwischen Europa und Asien, das geografisch markante Gebirge, 2560 Kilometer lang, unermesslich reich an Wild, Pelztieren, Platin, Gold und Edelsteinen, Kohle, Salz und Erzen. Am Horizont zeichnen sich sanfte Hügel ab, umkränzt von zartgrünen Birkenwäldchen, hier und da ein paar dunklen Tannen und blühenden Apfelbäumen als farbiger Kontrapunkt zu der üppig grünen Farbpalette. Schön ist es hier, denke ich, vielleicht kann man eins der oberen kleinen Klappfenster im Gang öffnen und ein paar Aufnahmen schießen?

Tamara, unsere Provodniza, hilft, aber es gibt nichts zum Klappen, nur zum Ziehen und das mit aller Muskel-

kraft. Eisern hält sie den gerade mal zwei Handbreit großen Spalt offen, als eine dickliche Matrone im wallenden Chiffonrock uns alle mit einem Riesenwortschwall beschimpft: «Fatografieren verrbotten, verrbotten in Russija!» Ach, du meine Güte, eine alte Stalinistin! Empört rauscht sie von dannen, als ihr Protest so gar kein Echo findet. «Die alten Köpfe, die alten Zöpfe», schüttelt Tamara den Kopf, «wann sterben die mal endlich aus? Mach Schluss, Djebotschka», wendet sie sich mir zu, «ich muss doch gleich unsere Toiletten abschließen, die nächste stanze (Station) ist nicht mehr weit.» Peter schaut auf den Fahrplan, der in etwa der Mitte eines jeden Waggons hängt, natürlich in Moskau-Zeit.

Tschaikowskaja/Majskij, Kilometer 1387 – ein klangvoller Name für eine kleine Station, benannt nach dem berühmten Komponisten Peter Tschaikowsky, der hier in der Gegend geboren wurde, allerdings 180 Kilometer weiter südöstlich in Kamsko-Wotkinsk. «Pass auf, Pjotr, noch ein paar Kilometer, dann fahren wir über die Brücke der Kama», ruft Tamara Peter zu, zupft ihre Uniform zurecht und macht sich bereit für die Ankunft in Perm. Langsam rattert der Zug zwischen den silberglänzenden Stahlträgern hindurch, tief unter uns liegt der breite, träge Fluss, der im Ural entspringt und nach 1800 Kilometern zum größten Nebenfluss von Mütterchen Wolga wird.

Perm: Kilometer 1434

Perm, am Fuße des Urals, «fernes Land» im Finnougrischen, das mit dem Samojedischen den uralischen Sprachstamm bildet und von immerhin 20 Millionen Finnen, Esten, Lappen, Ungarn, Ostjaken und anderen gesprochen wird, dieses Perm, Tor nach Sibirien, entstand im Jahre 1723 aus einer kleinen Siedlung mit Kupferschmelzhütten und erhielt schon 70 Jahre später das Stadtrecht. Die bedeutenden Erzlager wie auch der Hafen an der Kama machten Perm schnell zu einem Zentrum der Schwerindustrie; um 1850 entstand hier sogar die größte Kanonenfabrik Russlands. Heute allerdings ist Perm eine Millionenstadt und führend im Maschinen- und Flugaggregatebau. Die bedeutende Erdölindustrie beutet mehr als hundert Gas- und Öllagerstätten in der Umgebung aus.

Mit dem Bau der Eisenbahnmagistrale nach Westen, entlang des alten sibirischen Postwegs, erreichte das russische Eisenbahnnetz im Jahre 1878 auch Perm. (1885 gab es im Russischen Reich 20 579 Kilometer Eisenbahnstrecken, wovon fast 90 Prozent 48 verschiedenen privaten Gesellschaften gehörten und nur knapp zehn Prozent dem Staat.)

Der Güterverkehr auf der Schiene nimmt in Perm den größten Stellenwert ein, Tank-, Kohle-, Erz- und Holzwaggons mit je einer Doppelachse vorn und hinten bilden eine scheinbar endlos lange Kette, gezogen von bis zu drei superstarken WL-80-Doppelloks. Ein Blick auf die Bahnhofsuhr, Uhrenvergleich, nichts stimmt mehr. Wir haben plus zwei Stunden Differenz zur Moskau-Zeit. Also reichts nur noch für einen kurzen Gang durch die Stadt.

Perm hat mit Perm I, dem Regionalzug- und Rangierbahnhof direkt am Ufer der Kama im Osten der Stadt, und Perm II, dem Transsib-Halt im Westen, zwei Bahnhöfe. Auch hier gibts gerade eine neue, moderne Fassade, kein Schriftzug verrät, wo wir sind. «Lass uns das alte Jurjatino suchen», schlage ich vor, und denke dabei an Boris Pasternak, der in seinem weltberühmten Roman «Doktor Schiwago» das alte Perm verewigt hat. Aber nur ein paar windschiefe Holzhäuser im Viertel gegenüber dem histo-

rischen Bahnhof Perm I sind noch Zeugen dieser Zeit. «Wusstest du eigentlich, dass diese Stadt 17 Jahre lang Molotow hieß, nach Stalins Außenminister in den Jahren von 1940 bis 1957?», fragt Peter. Ohne zu antworten, nehme ich lieber die Beine in die Hand, eine schwarze Regenfront bewegt sich drohend über die Kama auf uns zu, und der Schirm liegt im Hotel.

«Wir möchten unbedingt in den Ural, einmal in unserem Leben, wo wir schon hier sind», erklären wir Jelena, kurz Lena, von Permtourist am anderen Morgen. Lena lacht. «Der Ural ist groß und dort, wo er ein richtig hohes Gebirge ist, kommen wir nur mit dem Helikopter hin, zu weit und zu viel Rubel für einen Tag. Ich überlege einen guten Vorschlag für acht Uhren.» Nanu, gibts hier eine neue Zahlungseinheit in Uhren? Nun sind wir am Lachen und verbessern ihr etwas verbogenes Deutsch. Natürlich sind acht Stunden gemeint.

Wir fahren in Richtung Kungur, einem kleinen malerischen Städtchen am Zusammenfluss der Sylva, Schakwa und Iren. Dort gibt es ein bisschen Gebirge, ein bisschen Taiga und die Eishöhle von Kungur, die zu einem großen System unterirdischer Grotten gehört, erzählt Lena. Schwerfällig windet sich der altersschwache Lada mit der gesprungenen Frontscheibe die sanften Hügelketten hinauf. Leuchtend gelbe Löwenzahnfelder bedecken das Land, zartgrüne Birken, silberfarbene Pappeln und ein azurblauer Himmel mit dekorativen Kumuluswolken runden die Idylle ab. Ein riesengroßer Schlüssel, wie zu Pet-

Bilder rechts und nächste Doppelseite
• **Altrussische Holzhäuser bei Perm;**
Bahnhöfchen vor Perm
• **Eisenbahnbrücke über die Kama; Vorder-**
und Hinterseite des Bahnhofs Perm I

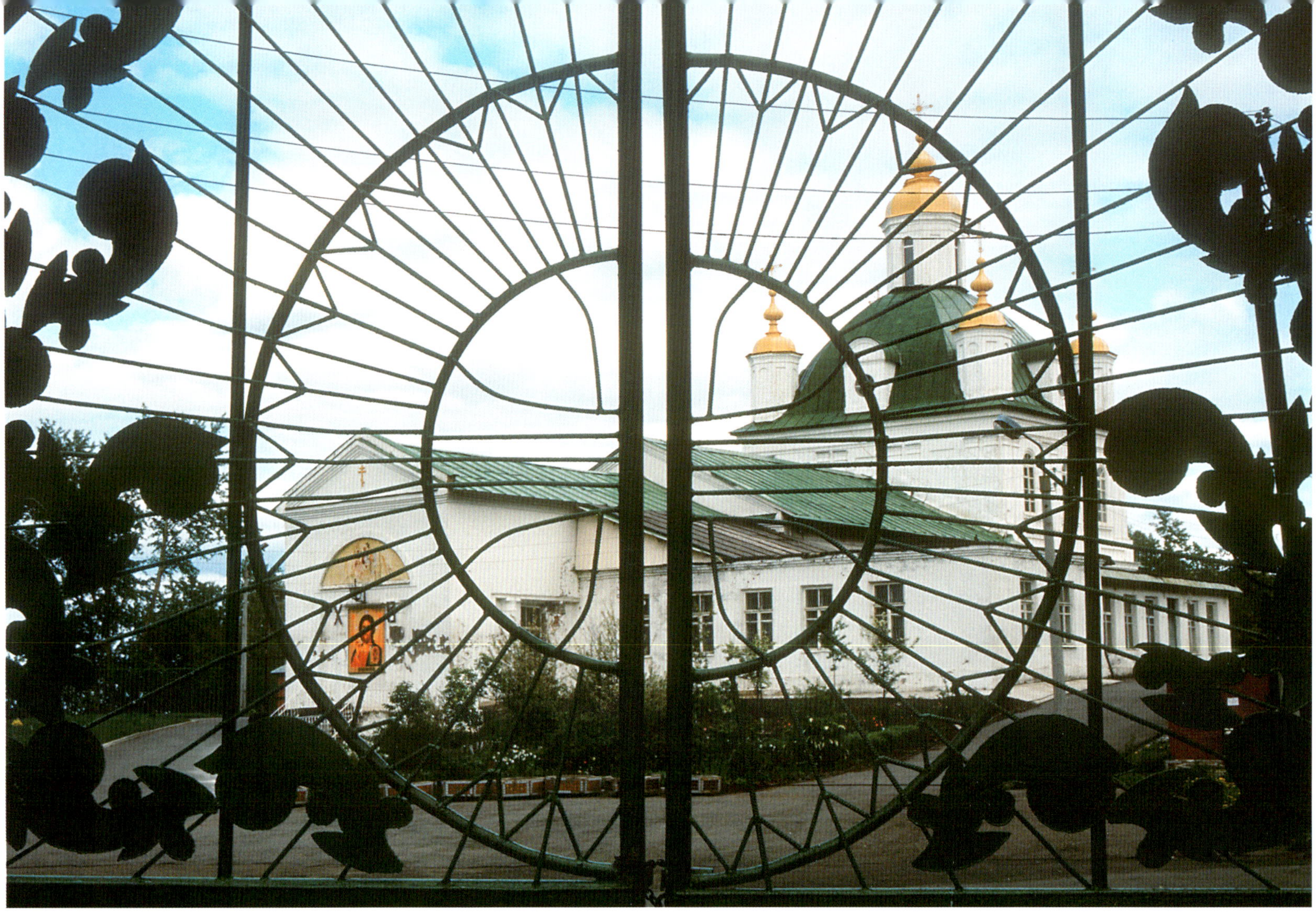

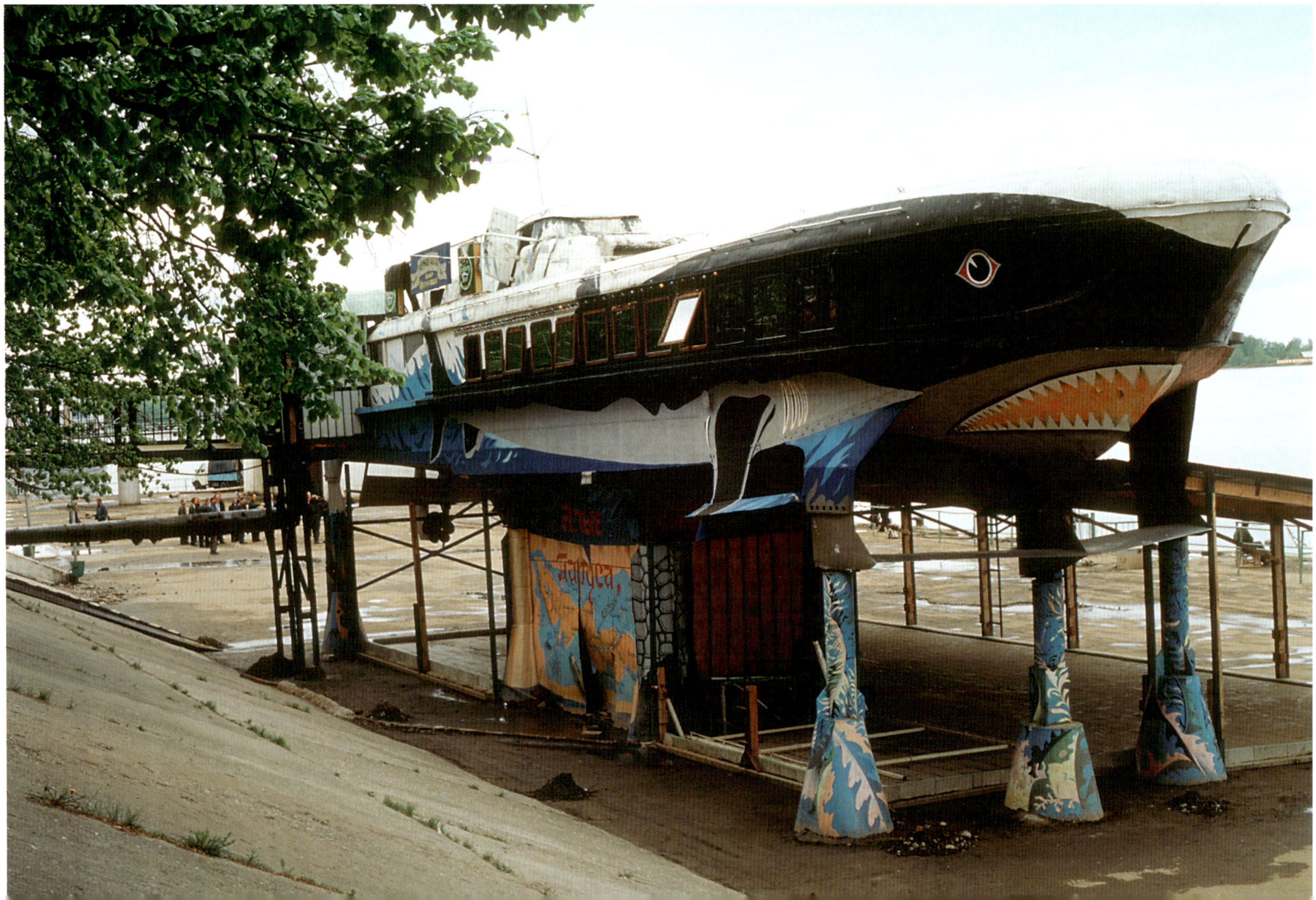

rus' Himmelspforte, öffnet das schmiedeeiserne Tor zum Höhleneingang. Feuchte Kälte schlägt uns entgegen, minus zehn Grad bestätigt das Thermometer.

An der Höhlendecke funkeln Millionen gefrorener Diamanten, und skurrile Eisgebilde beflügeln unsere Fantasie. Dieser insgesamt zwei Kilometer lange begehbare Abschnitt des Grottensystems weist Temperaturschwankungen von minus zehn Grad jeweils am Anfang und Ende der Höhle und bis zu plus fünf Grad in der Mitte auf, wo ständig rinnendes Wasser unterirdische Seen und eine bizarre Pracht von Stalagmiten und Stalaktiten über Jahrtausende hinweg geformt hat. Durchgefroren treten wir aus dem Dämmerlicht in die jetzt im Sommer warme Abendsonne hinaus. Knarrend fällt das Tor in die geheimnisvolle Unterwelt hinter uns ins Schloss.

Zug Nr. 87: Perm–Jekaterinburg

Da ist er wieder, der gleiche Zug, nur zwei Tage später und Tamara heißt jetzt *Swiéta.* Eine halbe Stunde nach Mitternacht suchen wir unser Abteil. «Diesmal haben wir ein Vierbettabteil», sage ich mit Blick auf das Billett, «mal sehen, wer mit uns fährt.» Wir öffnen die Tür und prallen zurück. Laut schnarchend liegen zwei wodkaselige Russen quer über unseren unteren Betten, umgeben von Gepäck und Essensresten auf dem Klapptisch chen. «Die kriegen wir nicht mehr munter», meint Swiéta, «kommt mal gleich mit mir nach vorn, das kleine Einzelabteil ist noch frei.»

Schnell beziehen wir gemeinsam die Betten und trinken auf dem Gang noch einen heißen Tschai, Glück gehabt! Zu uns gesellt sich ein akkurat gekleideter junger Mann mit sorgsam gescheiteltem Haar und sanften braunen Augen. Eine Weile blicken wir schweigend in die dahingleitende Dunkelheit, hier und da von ein paar erleuchteten Fenstern eines Wohnblocks erhellt.

«Wir kennen uns eigentlich,» beginnt er das Gespräch und sucht nach englischen Vokabeln. «Ihr habt doch auch im Hotel Ural gewohnt und seid vor mir zum Bahnhof gefahren.» Dimitrij, wie er sich vorstellt, ist bei einer Firma beschäftigt, die Innendekorationen, vor allem Tapeten aus Deutschland, an Hotels und Großunternehmen verkauft. Zwei Brieffreundschaften, in Potsdam und Forst bei Frankfurt an der Oder, frischen von Zeit zu Zeit seine Deutschkenntnisse auf, aber er traut sich nicht zu sprechen. Dann erzählt er ein bisschen über sich und seine Familie. Seit 32 Jahren lebt er mit den Eltern und seinen Geschwistern in Jekaterinburg und ist glücklich. «Ich liebe meine Stadt», sagt er und «Gute Nacht» in deutscher Sprache.

«Kilometer 1777, den schlichten, weißen Grenzstein zwischen Europa und Asien, auch Säule der Tränen genannt, an dem Millionen von Deportierten auf dem Weg nach Osten vorbeizogen, ohne je ihre Heimat wiederzusehen, werden wir in der Dunkelheit nicht sehen können», sage ich schon halb im Schlaf und decke mich gut zu – hier ist es noch kühl an der Schwelle nach Sibirien.

Bilder links und nächste drei Doppelseiten
• Perm: Kirche Peter und Paul,
Haifischbar an der Kama
• Holz-/Eisengegensätze: russische
Holzbaukunst und Gleisanlagen Perm II
• Landschaften um Kungur; Stadtansicht
• Die berühmten Eishöhlen bei Kungur –
bisher nur von wenigen Westlern betreten

terra magica

terra magica

Jekaterinburg: Kilometer 1813

Punkt sechs Uhr morgens stehen wir wieder auf dem Bahnsteig, diesmal in Jekaterinburg. Es regnet in Strömen, alle Straßen und Plätze sind unter Wasser, und wir haben Mühe, Füße und Gepäck trocken zu halten. Ich laufe von Taxi zu Taxi, ein Fahrer überbietet den anderen, die große Gelegenheit, Fremde auszunehmen, und davon gibts nur uns. Plötzlich steht Dimitrij neben mir, winkt Peter heran und verfrachtet unser Gepäck in ein «Yellow Cab», ein gelbes Taxi mit Schachbrettstreifen wie bei den alten New Yorker Taxis. «Zum Oktjabrskaja, paschalst», sagt er dem Fahrer, setzt sich neben ihn und zieht einen 100-Rubel-Schein aus seiner Manteltasche. «Haben wir den gleichen Weg bei dem Mistwetter, Dimitrij?», fragt Peter. Dimitrij schweigt und begleitet uns bis zum Eingang. «Nein, ich wohne nicht hier, ein bisschen weiter draußen.» «Aber das Taxi, die 100 Rubel», unterbrechen wir ihn und zücken unser Portemonnaie. «Alles ist gut», entgegnet Dimitrij, blickt uns fast feierlich in die Augen und fügt hinzu: «Ich heiße euch herzlich willkommen in meiner Stadt, ich liebe meine Stadt, meine Stadt Jekaterinburg!» Dann dreht er sich um und geht schnellen Schrittes die Straße hinunter, die abgegriffene Aktentasche in der Hand, wir wissen nicht wohin ...

Es regnet, regnet, regnet, ununterbrochen, sintflutartig aus einem grauen, wolkenverhangenen Himmel. Die Regenrohre der hohen klassizistischen Häuser speien ihre Wassermassen von den Dächern direkt auf die Gehwege und verwandeln Straßen und Plätze in eine einzige Seen-

Bild rechts
**Spagat über die Grenzlinie Europa/Asien
beim Obelisk in Jekaterinburg**

terra magica

landschaft. Die Menge der Fußgänger, die unterwegs sein müssen, ähnelt einem Wasserballett mit bunten Schirmen, synchron hüpfend und springend von Bordstein zu Bordstein, gejagt von den riesigen Bugwellen des ignoranten Straßenverkehrs. «Da gehe ich freiwillig nicht hinaus», weigere ich mich, «lass uns noch ein wenig lesen, über die Geschichte von Jekaterinburg.»

Der Ursprung der Stadt geht zurück auf das Jahr 1721, als Peter der Große befiehlt, die Bodenschätze des Ural zu erschließen. Mit der Errichtung der ersten Eisengießereien treibt der Staatsmann und Schriftsteller Wasilij Nikitsch Tatischtschew den Bau der Siedlung voran, die nach Katharina – Gemahlin und Zarennachfolgerin Peters des Großen – benannt wird, 1783 die Stadtrechte erhält und seit dieser Zeit als «Fenster nach Asien» gilt. Neben der Erzgewinnung und Eisenproduktion siedeln sich auch der Schwermaschinenbau und die chemische Industrie an.

Unter Stalin folgt dann die intensive Industrialisierung und ab 1924 die Umbenennung der Stadt in Swerdlowsk, und zwar nach dem ersten bolschewistischen Regierungschef, der sich hier als revolutionärer Arbeiterführer hervortat. Doch 1991 wird die Stadt wieder zurückbenannt in Jekaterinburg. Mit dem Namen Jekaterinburg verbindet sich auch das Schicksal der letzten Romanows, als Zar Nikolaj II., Zariza (Zarengattin) Aleksandra und die Kinder Aleksej, Olga, Tatjana, Marija und Anastasia im Mai 1918 von den Bolschewiken massakriert und außerhalb der Stadt verscharrt werden. An dieser Stelle steht nun ein Romanow-Memorial in russischer Holzbauweise.

In einer kurzen Regenpause wagen wir uns zum Bahnhof, bewaffnet mit Schirm, Charme und ... nein, natürlich Stativ. Ein fast aussichtsloses Unterfangen, die Eisenbahnunterführung, unter der wir hindurchmüssen, steht komplett unter Wasser. Mühsam hangeln wir uns an einer kleinen erhöhten Kante, Schritt für Schritt, immer an der Tunnelwand entlang wieder ins Freie. Die Straßen haben keinen Abfluss, und das Versickern des Wassers dauert mitunter Tage. Hätten wir bloß Gummistiefel mitgenommen, aber die stehen sicher und trocken in Hamburg. Breite Alleen, rechts und links von stattlichen Pappeln eingefasst, prägen das großzügige Stadtbild. Ein leichter Wind bläst uns die weiße Baumwolle ins Gesicht, die die dunkelbraune Erde wie mit einer flockigen Schneedecke überzieht.

Der Bahnhof ist ein klassizistischer Monumentalbau. Drei große Kronleuchter pro Saal erhellen das Innere und werfen im Seitentrakt ein warmes gelbes Licht auf die Gemälde aus der Geschichte Russlands. Und dann steht die Bahnhofsdirektorin vor uns, erwartungsgemäß mit dem definitiven *Njet!* Erst der diplomatisch formulierte Satz, dass wir dazu beitragen, die große Kunst und Kultur Russlands im Westen zu verbreiten, lässt den Stolz erwachen und das «strategische Objekt» Bahnhof vergessen. Wir bekommen eine höchstamtliche Führung und dürfen unter den Augen der irritiert dreinschauenden Milizia fotografieren.

Gut gelaunt setzen wir unseren Stadtrundgang fort. In welcher Stadt wir auch immer sind, die Namen der Straßen und Plätze bleiben stets die gleichen aus der alten Sowjetzeit, uliza Karla Marksa, Lenina, Oktjabrskaja, Ploschtschad Mira, Revoljuzij Komsomolskaja ... Hier stand einst das Ipatew-Haus, in dem die Zarenfamilie ermordet wurde, das im Laufe der Jahre zu einer Pilgerstätte für Russlands Monarchisten geworden war. Boris Jelzin,

Bilder nächste Doppelseite
Jekaterinburg (auf sowjetischen Landkarten Swerdlowsk): Bahnhofsansichten

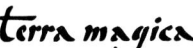

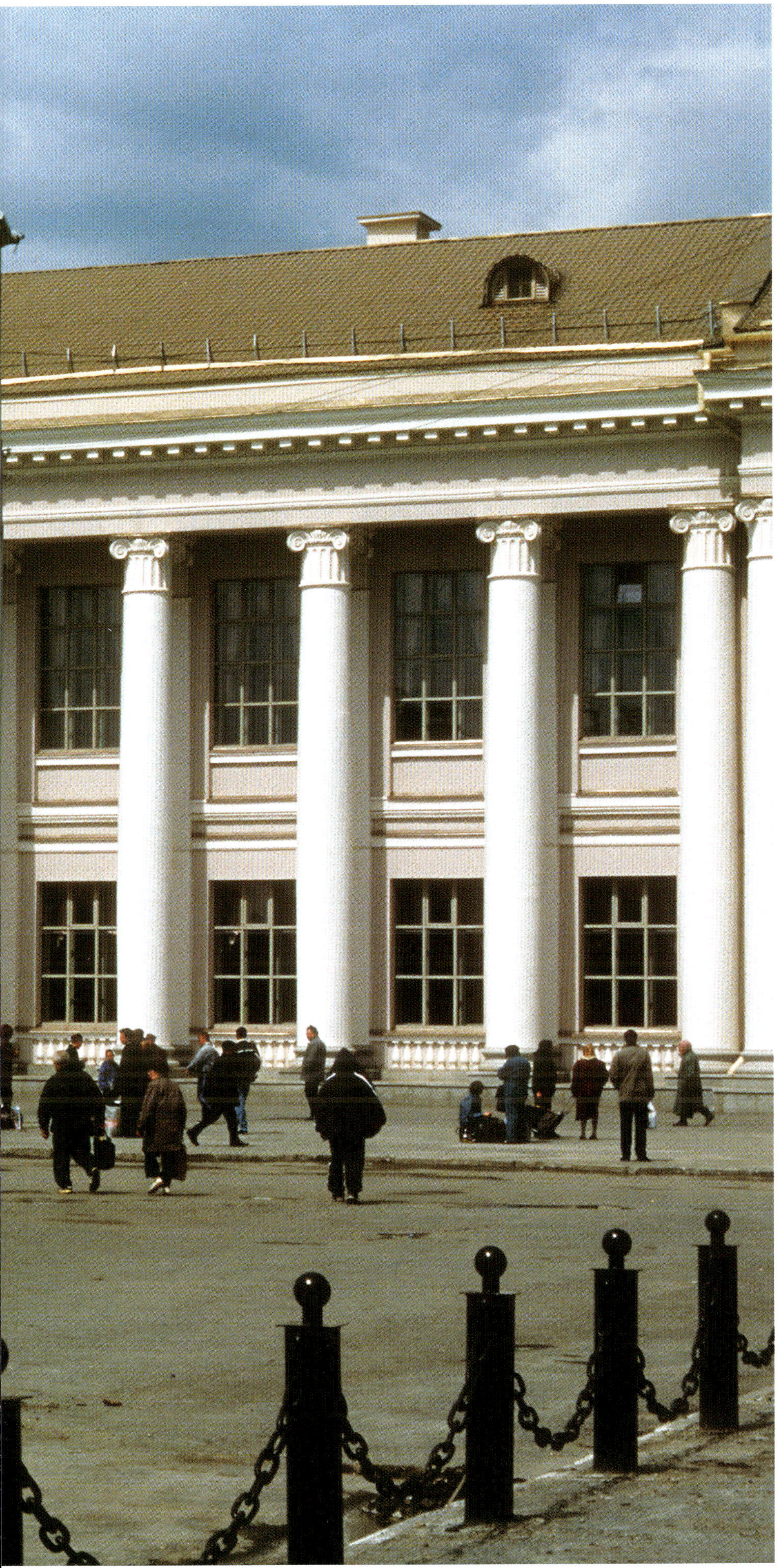

ВОКЗАЛ
ЕВРОПА
ЕКАТЕРИНБУРГ
АЗИЯ

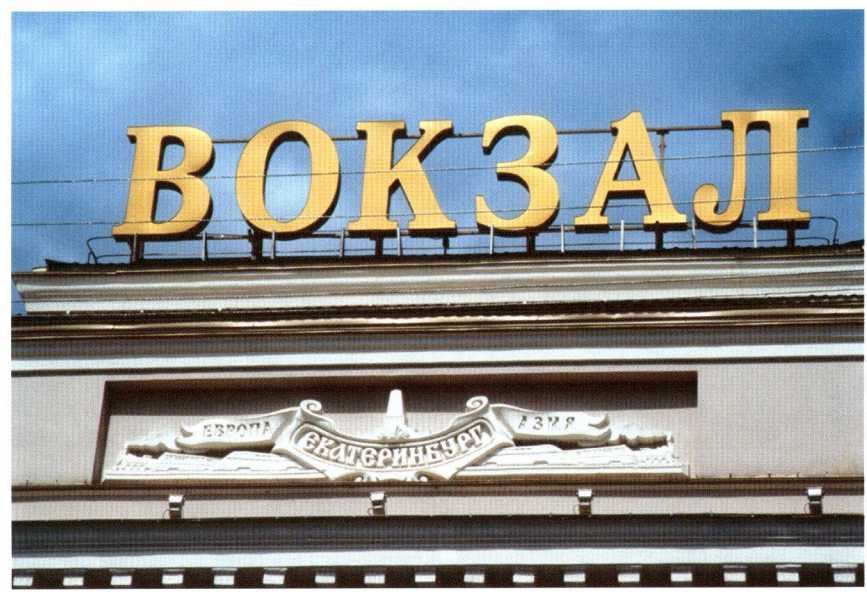

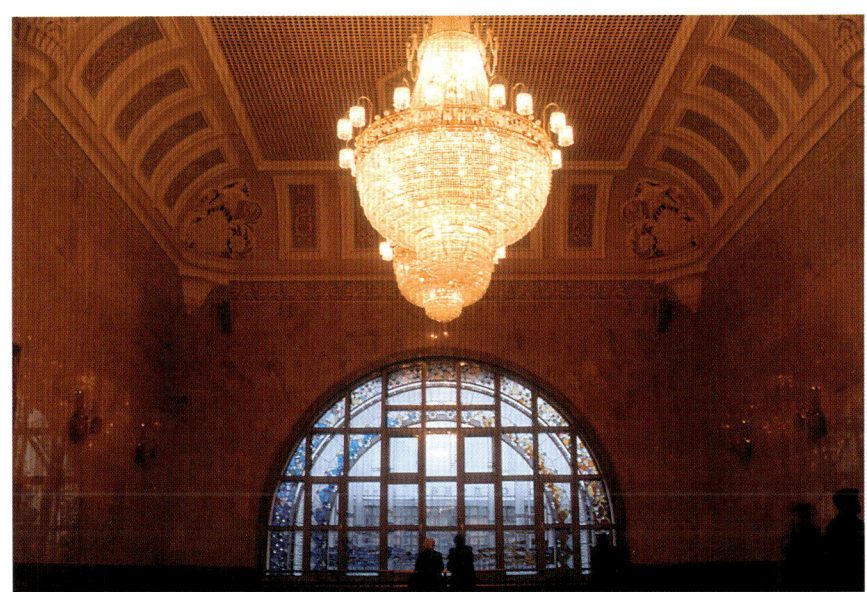

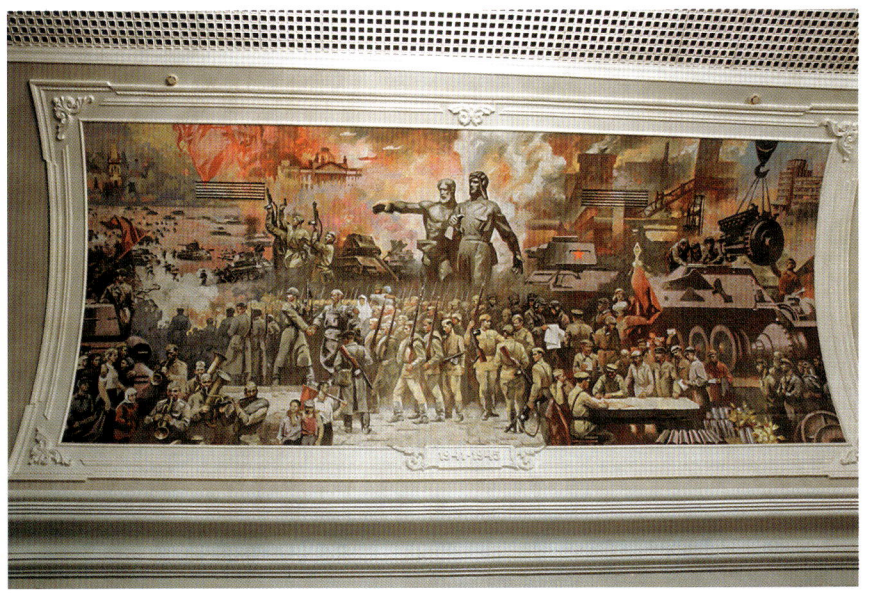

Jekaterinburg: Gedächtniskapelle für die in dieser Stadt 1918 massakrierte Zarenfamilie

damals örtlicher Parteichef, ließ dieses Haus kurzerhand abreißen. Heute erinnern an dieser Stelle eine 1998 errichtete Holzkapelle und ein weißes Kreuz mit der Inschrift «Falle Russland, auf die Knie am Fuß des Zarenkreuzes» an die Geschehnisse des Juli 1918. Direkt daneben entsteht eine rote Backsteinbasilika mit goldenen Kuppeln als ein «Gedenktempel auf dem Blute».

Unser Weg führt weiter in die Mitte der 1,4-Millionen-Stadt zum großen Stadtsee, dem Gorodskoi prud, der entstanden ist, als die durch Jekaterinburg fließende Iset von einem Damm aufgestaut wurde, um den von der Industrie benötigten Wasserbedarf zu decken. Riesengroße braunschwarze Heizrohre mäandern durch den See, um dann oberirdisch wie ein rostiger Lindwurm

durch und in luftiger Höhe über die Straßen der Stadt zu kriechen. Beim Gang über die Brücke sehen wir Beine und Gestell eines voluminösen Plüschsessels aus dem Wasser ragen. Hier einzugreifen wäre doch eigentlich eine lohnenswerte Aufgabe für die Milizia ... «Pjotr, wir müssen noch unseren letzten Tag in Jekaterinburg organisieren», erinnere ich, als es wieder anfängt zu tröpfeln.

Pünktlich um 8.30 Uhr holen uns Nikolaj und Janna mit einem alten schwarzen Moskowitsch ab. Liebevoll poliert Nikolaj noch einmal den verchromten Außenspiegel, bis unsere Siebensachen verstaut sind. «Habt ihr wenigstens gutes Wetter bestellt?», mahnen wir die beiden und schauen in den bleiernen Himmel, der nichts Gutes verheißt. «Wir fahren erst einmal zum Mafiafriedhof, da wolltet ihr doch unbedingt hin», übersetzt Janna, als Nikolaj den Wagen aus der Stadt lenkt.

Feuchte Kühle und leichter Nebel empfangen uns vor dem hohen ornamentverzierten Eisentor. Zartgrünes Birkenlaub umrankt diesen Ort der Stille und umgibt ihn mit dem poetischen Hauch des Vergessens. Hohe Grabsteine mit Bildern der Verblichenen, von Kunstblumen übersäte Familiengrabstätten, Gedenksteine für bekannte Künstler und honorige Bürger dieser Stadt stehen in Reih und Glied schnurgerade hintereinander. «Und wo sind die Mafiosi?», fragen wir ungeduldig. Nur ein paar Meter weiter sehen wir sie dann. Lebensgroße Abbildungen auf Luxusgrabstätten aus poliertem Granit erzählen vom kurzen Intermezzo der auf nicht ganz natürliche Weise ums Leben gekommenen Clanmitglieder auf dieser Erde.

«Und dann ihre Vorlieben!», ergänzt Janna. «Seht mal den mit dem Mercedes-Schlüsselanhänger oder den Boxer. Im Schnitt haben die so schmerzlich Verblichenen ein Alter von 30 bis 35 Jahren erreicht. Nur den alten Boss hats leider noch mit 60 erwischt, kurz vor der Pensionierung», lacht sie, als wir zum Obelisken weiterfahren. Unterwegs kommt Janna dann ins Plaudern. «Wisst ihr, dass Jekaterinburg als eine der letzten Städte erst 1994 wieder freigegeben wurde? Die geschlossene Stadt hatte eine große Bedeutung für die stahlverarbeitenden Industrie. Hier gab und gibt es nach wie vor den besten und härtesten Stahl, aus dem auch die Schienen der Transsibirischen Eisenbahn gefertigt wurden.» «Und, wie schätzt ihr die politische Zukunft Russlands ein?», fragen wir.

Mit der ganzen Hoffnung ihrer Jugend prognostiziert sie dann, dass nach den ersten zwölf Jahren von Glasnost und Perestroika unter Gorbatschow und Jelzin nun langsam ein Umdenken stattfinde und ein aktiver, dynamischer Putin die politische und wirtschaftliche Erneuerung Russlands realisieren werde. Dabei blitzen Jannas Augen enthusiastisch, sie möchte Verbindung zu ausländischen Reiseagenturen knüpfen, um Jekaterinburg touristisch voranzubringen. Uns beschleichen jedoch erhebliche Zweifel, wenn wir an die engstirnigen, an der Vergangenheit festhaltenden Apparatschiks denken.

Jannas Gedanken lösen sich von den Zukunftsträumen und kehren in die Gegenwart zurück. Rund zwei Autostunden sind wir jetzt von Jekaterinburg entfernt und stehen, mitten in der Taiga, vor dem Obelisken auf der offiziellen Grenzlinie, die die zwei Kontinente Europa und Asien voneinander trennt. Wie die Kinder hüpfen Nikolaj und Peter einmal nach Asien und dann wieder nach Europa zurück. «Dalsche – Weiter!» ruft Janna den beiden zu, «wir wollen noch ein Stück des Weges auf dem alten sibirischen Postweg fahren, an dem das kleine Dorf Nowoaleksejewka liegt.» Ein schlammiger, mit Pfützen übersäter Weg führt uns zu den alten, reich verzierten Holzhäusern, die sich hinter mannshohen, spitzen Palisadenzäunen verstecken. Kleine Berge grober Birkenholzscheite liegen davor, es riecht nach Holzfeuer.

Über 150 Jahre russischer Geschichte sind an ihnen vorübergezogen, Menschen, Schicksale, wenn sie erzählen könnten ... Eine alte Babuschka rückt neugierig die Blumentöpfe auf der Fensterbank beiseite, es ist selten, dass Fremde sich hierher verirren. «Wir sind in Sibirien», sage ich zu Peter und lasse den Gedanken freien Lauf.

Sibirien – Sibir, «schlafende Erde»

Unermessliche Weite, vom Ural bis an den Pazifik, vom Nordpolarmeer bis an die Grenzen der Mongolei und Chinas, 7000 Kilometer in Richtung Ost-West

und 3500 Kilometer Nord-Süd, fast 13 Millionen Quadratkilometer Tundra, Taiga, Wald- und Wüstensteppe, Gebirge, Gletscher, ein über 5000 und drei über 4000 Kilometer lange Flüsse und der tiefste See der Erde, ein Füllhorn der Natur mit einem unermesslichen Reichtum an Gold, Silber, Edelsteinen und Erzen, das ist Sibirien. Aber auch der «Archipel Gulag», die stählernen Ketten der Verbannung und Zwangsarbeit, das eisige, menschenfeindliche Sibirien und das Sibirien der Hoffnung – Vision einer besseren Zukunft – verbinden unsere Erinnerung und die Gedanken mit Sibir, der «schlafenden Erde», wie die Tataren das Land nannten, als sie auszogen, einen «Kontinent» zu erobern.

Mit den Mongolen ziehen sie ab dem 12. Jahrhundert durch das Land und gründen das Reich der «Goldenen Horde». Erst 1581 kommen Kosaken, unter Führung des legendären Jermak, von Russland aus über den Ural. Auf Befehl des Zaren Iwan des Schrecklichen werden die Grenzen des russischen Reiches immer weiter nach Osten ausgedehnt. Knapp 60 Jahre später stehen die Eroberer am Pazifik. Die größte Landfläche der Welt ist erobert. 1647 entsteht hier die Siedlung Ochotsk, aber kaum 20 Jahre danach beginnt die Verbannung nach Sibirien, zunächst nur für Kriminelle, als wichtiges Element der Siedlungspolitik. In der «Schatzkammer» Sibirien machen Pelzhändler, Prospektoren und Goldsucher ein Vermögen, beginnen entflohene Leibeigene und Verbannte ein neues Leben, so sie Klima und Wildnis überleben.

1741 erobert der Däne Vitus Bering Alaska für die russische Krone, und die russische Pelzkompanie greift 1815 sogar nach Hawaii, das war zu viel. 1857 verkauft Zar Alexander II. Russisch-Amerika – Alaska – für 7,2 Millionen Dollar an die Vereinigten Staaten von Amerika. Auch nach dem Bau des großen sibirischen Postwegs

bleibt Sibirien ein Imperium ohne Straßen, und so bleibt es, bis 1905 die Transsibirische Eisenbahn eröffnet wird. Brauchten die ersten Reisenden mehr als neun Monate, um von Moskau ans andere Ende Sibiriens zu gelangen, dauert es nun mit der Transsib nur noch zehn Tage. Selbst heute, da man in neun Stunden von Moskau nach Wladiwostok fliegen kann, sind die Entfernungen in Russland schwer vorstellbar.

Das Wetter klart auf, hier und da schiebt sich sogar ein Sonnenstrahl durch die dichte Wolkendecke. «Fahrt doch noch einmal kurz beim Bahnhof vorbei auf dem Heimweg», bitten wir Nikolaj und Janna, «wir haben noch gar nicht richtig die Gleisseite mit der Swerdlowsk-Beschriftung anschauen können bei all dem Regen.» Erstaunt blicken wir auf den Bahnhofvorplatz. Eine dichte Menschenmenge drängt sich vor dem Haupteingang, der von bewaffneter Milizia bewacht wird. «Es hat eine Bombendrohung gegeben», erzählt ein vorbeieilender Passant, «kein Zug geht mehr!» «Das hat sich hoffentlich bis morgen früh geklärt», verabschieden wir uns von Janna und Nikolaj und bedanken uns für den schönen Tag.

Zug Nr. 38: Jekaterinburg–Omsk

Der Regen hat uns wieder, als wir uns zwischen Mitternacht und Morgen, um 2.30 Uhr Moskau-Zeit, also 4.30 Uhr Ortszeit, zu unserer nächsten Eisenbahnfahrt auf dem Bahnhof einfinden. Der Bahnsteig ist eine einzige Schlaglochallee mit riesigen Seen, und wir müssen da

Bilder rechts
Nowoaleksejevka (bei Jekaterinburg):
Holzhäuser und Friedhof

СТЕШКО
ИВАНОВЫ
ТАТЬЯНА
СТЕПАНОВНА
18 12/I 96 - 19 11/III 93
ДАНИЛ
НИКИФОРОВИЧ
18 12/VI 90 - 19 4/IV 51
Солдат первой
мировой войны
ПАВЕЛ
ДАНИЛОВИЧ
19 15/VII 22 - 19 16/VIII 42
Лейтенант
погиб на фронте
ИВАН
ДАНИЛОВИЧ
19 15/I 24 - 20 17/III 02
Ветеран Отечественной
войны, врач
И пусть не думают
1996

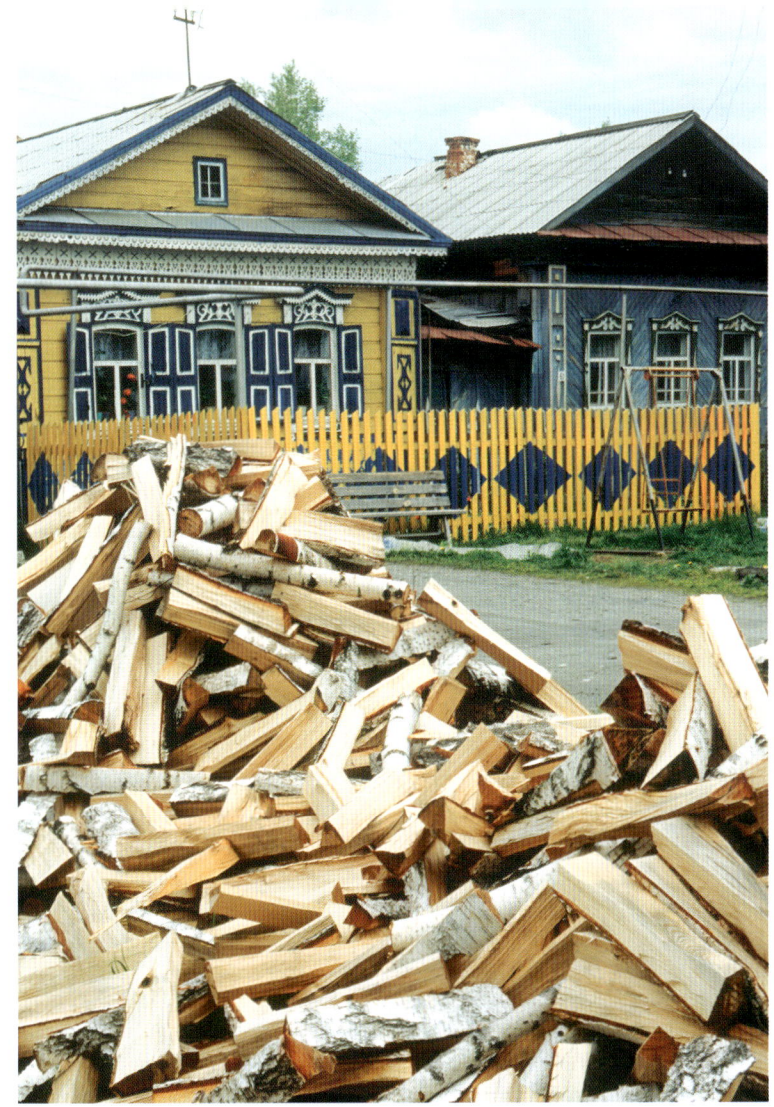

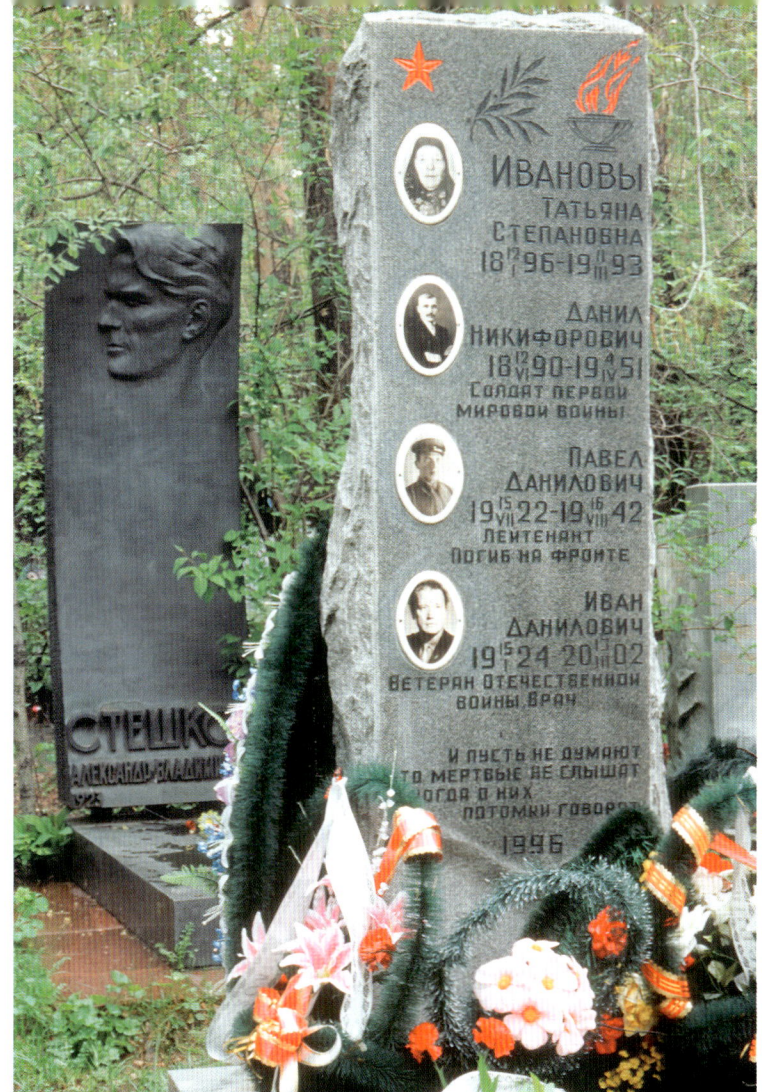

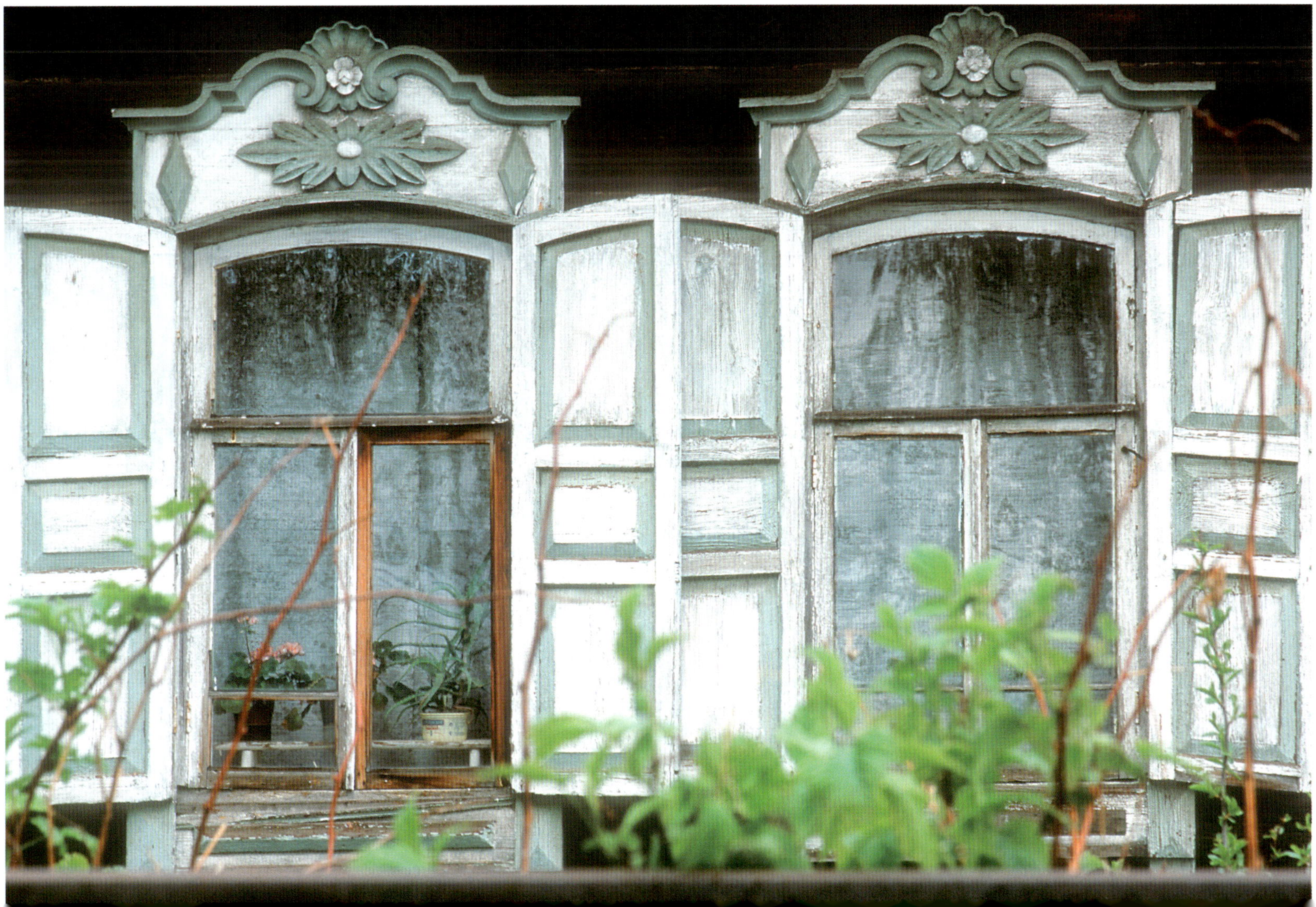

durch, mit Mann, Maus und dem Gepäck. Natürlich ist unser Waggon wieder am anderen Ende. «Wolltest du nicht schon gestern Abend die Gleisseite mit den Bahnsteigen noch einmal ausführlich anschauen?», frage ich Peter. Den nicht druckreifen Fluch überhöre ich geflissentlich. «Wir haben wieder ein Vierbettabteil», füge ich hinzu, um das Maß voll zu machen, «und das mitten in der Nacht!»

Diesmal werden wir angenehm überrascht. Boris, ein junger Computerfachmann, und seine Mutter sind ebenfalls erst in Jekaterinburg zugestiegen, und so machen wir es uns zu viert erst einmal gemütlich. Beide kommen von der Hochzeit einer Cousine und fahren zurück in ihre Heimatstadt bei Tomsk, zwei Tage von Jekaterinburg entfernt. Wir fahren mit dem «Irtysch», benannt nach dem Fluss, an dessen Ufern Omsk liegt, einem noblen Zug mit allerlei «Schnörkeln» und Extravaganz. Rote geraffte Samtvorhänge mit gehäkelten weißen Spitzengardinen darunter verhüllen das Licht des anbrechenden Tages. Dunkelgrüner (echter!) Efeu in weißen Pflanzampeln umrankt die geschmackvolle Fensterdekoration. Ein weicher Läufer mit orientalischem Muster dämpft das Geräusch der Schritte im Gang. Auf unserem Klapptischchen steht eine Vase mit bunten Blumen der Saison, umlegt mit allerlei Naschwerk, und als Tüpfelchen auf dem i ist sogar der goldverzierte Toilettenspiegel von Efeuranken umkränzt.

In krassem Gegensatz dazu gleitet draußen eine trostlose Industrielandschaft mit rauchenden Kühltürmen und grauen, maroden Häuserblocks, in deren Mitte eine breite Straße direkt auf einen qualmenden rot-weißen Schornstein zuführt, an unserem Fenster vorbei. Güterzüge, schwer beladen mit Kohle und Erzen, rollen minutenlang Seite an Seite mit unserem Zug und versperren den Blick auf die sich langsam am Horizont auflösenden Vorstädte. «Jetzt erst, bei Kilometer 2078», liest Peter vor, «beginnt Sibirien, und zwar an der Grenze der Verwaltungsgebiete Jekaterinburg und Tjumen.»

Tjumen: Kilometer 2138

Tataren und Kosaken waren maßgeblich beteiligt an der Geschichte Tjumens, «der Mutter aller sibirischen Städte». Als Ende des 16. Jahrhunderts die tatarische Festung Tschingi Tura von dem berüchtigten Kosakenführer Jermak erobert wurde, kamen die ersten Kosaken an den Fluss Tura, um hier die künftige Hauptstadt Sibiriens zu gründen, die dann, nach nur wenigen Jahren, von Tobolsk abgelöst wurde. Handel, Handwerk, Schiffbau und die sich schnell entwickelnde Industrie ließen die Stadt kontinuierlich wachsen. 1885 wurde die Eisenbahnstrecke nach Jekaterinburg in Betrieb genommen, jedoch erst 1916 erfolgte die Anbindung der Stadt an die Strecke der Transsibirischen Eisenbahn, die bis zu diesem Zeitpunkt über Tscheljabinsk nach Omsk geführt hatte.

Mit der Erschließung der Erdölfelder und Gasvorkommen im Gebiet um Tjumen in den Sechzigerjahren des vorigen Jahrhunderts nahm die gravierende Umweltschädigung, auch entlang der Pipelines, ihren katastrophalen Lauf. Weite Teile der Taiga wurden zerstört, und der Lebensraum für Menschen, Fauna und Flora unwiederbringlich vernichtet. Auch das rigorose Abholzen des

Bilder rechts und nächste Doppelseite
**Typische sibirische Sumpf- und Moorlandschaft,
hier bei Nowoaleksejevka**

terra magica

sibirischen Waldbestands ist ein weiteres großes Umweltproblem. Alle Welt spricht von der frevlerischen Rodung des brasilianischen Regenwaldes, Sibirien jedoch mit seinen 12,8 Millionen Quadratkilometer Fläche, knappe neun Prozent der gesamten Landmasse unserer Erde, ist nach wie vor ein weißer Fleck in den Köpfen der Verantwortlichen und der Umweltprotagonisten.

Nachdenklich schauen wir aus dem Fenster, der Zug nimmt schnell Fahrt auf, als wolle er uns zeigen, wie schön, aber auch menschenfeindlich die unberührte Natur sein kann. Braune, schlammige Sümpfe, in modrigem Wasser stehende Bauminseln, Schilf und Horstgras bis an den Horizont gehen über in weite Ebenen mit ockerfarbenem Steppengras, die nach kurzer Zeit wieder in dunklen Mooren verlanden, aus denen die abgestorbenen Stümpfe vermodernder Birken wie Mahnmale in den Himmel ragen. «So muss es damals rechts und links der Kosulka, dem gefürchtetsten Abschnitt auf dem alten sibirischen Postweg hinter Tomsk, ausgesehen haben», erzählt Boris und erinnert uns an Anton Tschechow, der so eindrucksvoll, ja hautnah das Reisen in Sibirien vor dem Bau der Transsibirischen Eisenbahn geschildert hat.

Wir fahren hoch oben auf dem Damm entlang des Sees (im Russischen *ósera*) Andrejewskoe nach Isim, bis uns die Zivilisation in Form der ersten grauen Hochhausblocks von Nasiwajewskaja wieder einholt. Es gibt einen längeren Halt und Lokwechsel. Die Uralbahnverwaltung grenzt hier an die Westsibirische Bahn. Alte und junge Frauen warten auf dem Bahnsteig mit großen geflochtenen Körben und zweckentfremdeten Kinderwagen, in denen alles liegt, was das Herz des reisenden Russen als Proviant begehrt. Das «rollende Restaurant» hingegen bleibt leer, zu teuer für das schmale Budget eines Iwan Normalverbraucher. Bier und Limonade, Wurstringe,

Gegenzug vor Omsk

Brot, Tomaten und Gurken, die beliebten Teigtaschen, selbst der einsame, traurige Fisch auf dem Emailteller wechseln gegen ein paar Rubel den Besitzer. Zigeunerjungen mit großen dunklen Augen drängen sich durch die Menschenmenge und betteln um Kopeken. Ein großes Problem, wie Boris erzählt. Sie kommen vorwiegend aus Rumänien, Bulgarien und Ungarn und wohnen in provisorischen Zelten an der Bahn.

Langsam packen wir unsere Bücher zusammen, Omsk ist nicht mehr weit. Unsere Provodniza schwingt schnell noch mal den Staubsauger und zupft den Gangläufer zurecht, den Peter, wie jedes Mal beim Ein- und Aussteigen, mit dem zu ziehenden Gepäck gleich wieder in eine gerollte Wurst verwandeln wird. Riesenflächen mit großen angerosteten Blechcontainern in den unterschiedlichsten Größen und Farben kündigen die Vororte der 1,2 Millionen Einwohner zählenden Stadt an. «Das sind alles Garagen», erklärt Boris und erzählt von der hohen Luftbelastung in dieser Gegend, die selbst Autolacke angreift, so dass jeder Autobesitzer in Omsk bemüht ist, eine geschlossene Unterstellmöglichkeit zu finden, egal, wie weit er laufen muss.

Noch 6577 km bis Wladiwostok

Omsk: Kilometer 2711

Pechschwarze Wolken und schwülwarme Luft sind der Auftakt zu unserem kurzen Omsker Intermezzo. Schon heute Abend geht es weiter nach Nowosibirsk, Zug Nr. 88 ist bereits auf der Anzeigetafel vermerkt, allerdings auch hier noch ohne Gleisnummer, ein Nervenkitzel, der sich stets erst 20 Minuten vor der Abfahrt auflöst, wenn die Reisenden mit Sack und Pack durch die Unterführungen, über die Brücken oder gar die Gleise hetzen müssen, um noch rechtzeitig vor dem Einrollen der Fahne das reservierte Abteil zu erreichen, schweißnass und – je nach Gepäck – am Ende ihrer Kräfte. «Aber bis dahin ist noch ein wenig Zeit», tröste ich Peter und zücke unseren Stadtführer, während Blitz und Donner ein Feuerwerk über dem Bahnhof entfachen.

Ein gewisser Ivan Buchgol'c (Buchholz) wählte 1716 auf Geheiß Peters des Großen den Platz für die Festung Omsk am Zusammenfluss von Om und Irtysch. Die Gelehrten streiten bis heute, ob mit Buchgol'c oder Buchholz ein Zarenoffizier russischer oder deutscher Abstammung an der Wiege der Stadt stand. Aufgrund der günstigen Lage am Kreuzpunkt mehrerer Handelswege entwickelte sich Omsk schnell zu einem bedeutenden Handelsort und wurde als Zentrum von Verwaltung und Militär im Jahre 1838 zur Hauptstadt Westsibiriens. Unter zaristischer Verbannung schrieb Fjodor Dostojewski Mitte des 19. Jahrhunderts hier seine «Aufzeichnungen aus einem Totenhaus». Der erste Zug der Transsibirischen Eisenbahn lief 1894 in den neu erbauten Omsker Bahnhof ein. Als eines der strategisch und industriell wichtigen Zentren wurde auch Omsk nach dem Zweiten Weltkrieg zur geschlossenen Stadt, die noch bis Anfang 1990 für Ausländer gesperrt war.

«An der großen Brücke über die Irtysch nahe dem Zentrum gibt es ein kleines Naturschutzreservat, das einzig Richtige bei der Wärme und der wenigen Zeit, die ihr habt», verabschieden sich Boris und seine Mutter, die von hier mit dem Bus in ihre Heimatstadt weiterfahren. Bus, das ist das richtige Stichwort. Wir trauen unseren Augen nicht, als wir mit dem Trolleybus in Richtung Stadtzentrum fahren: In der Mitte des Wagens, direkt neben den Ausstiegstüren, steht ein voluminöser Sessel wie aus Großmutters Zeiten mit rotem Samtüberwurf auf einem erhöhten Podest. Und auf dem Sessel thront – es fehlen nur noch Zepter und Krone – die Schaffnerin! Strengen Blickes registriert sie jeden ihrer Untertanen, Schwarzfahren gibt es nicht!

Überhaupt ist der Russe stets «Untertan», stellen wir fest. In öffentlichen Institutionen, Konsulaten und Ämtern, selbst an Fahrkartenschaltern, wird der Mensch immer zum unterwürfigen Bittsteller, da alle Sprechfenster oder Geldteller so tief angebracht sind, dass er sich automatisch hinunterbücken muss. *Der Zar hat drei Hände, aber nur ein Ohr* – ein Überbleibsel aus monarchistischen Zeiten? Unbegreiflich, ja unfassbar sind die verspiegelten Sprechfenster, bei denen zwar die Amtsperson den Bittsteller sehen kann, aber dieser umgekehrt mit einer Geisterstimme vorlieb nehmen muss. Der FSB lässt grüßen! Die Jugend hingegen sucht ungestüm die neuen Freiheiten und will die gesellschaftlichen Verhältnisse auf den Kopf stellen.

Mit der Bierflasche in der Hand am Abend zu promenieren oder hoch oben auf der Lehne einer Bank sitzend, mit den Füßen auf der Sitzfläche, die Freundin zu erwarten, ist *supermodnij.* Und ein echter Hingucker sind die Mädchen. Blond, schlank, in supersexy Minitops, natürlich nabelfrei, mit unendlich langen Beinen auf unendlich hohen Stilettoabsätzen, duschen sie sich in Springbrunnen, den Krimsekt versprühend, wie seinerzeit Anita Ekberg im römischen Fontana di Trevi, um dann mit braven Schlangenlocken im schwarzen Samtrock und der Rüschenbluse der Schauspielkunst die Ehre zu erweisen. Nur die Piercingwelle ist offensichtlich noch nicht herübergeschwappt.

Zug Nr. 88: Omsk–Nowosibirsk

Ein dramatischer Sonnenuntergang beschließt den Tag. Müde und abgekämpft stehen wir auf dem Bahnsteig, doch diesmal ist alles ganz anders. Wir brauchen nicht zu suchen, nicht zu hetzen, nicht zu schleppen, der Zug läuft auf Gleis 1 ein, direkt vor unseren Füßen, ganz einfach. «Glück muss der Mensch haben», sagt Peter, rollt mit dem Gepäck den Gangläufer vollendet zur Wurst, was ihm die Sympathie der Provodniza einbringt, und verschwindet im Abteil. «Sag mal», ruft er, «haben wir schon wieder ein Vierbettabteil? Ich denk der Christian hat Beziehungen zum Eisenbahnministerium?» «Soll ich noch zwei kühle Baltika 3 vom Kiosk holen?», ignoriere ich die Frage und laufe los, die eingerollte Fahne, das Abfahrtssignal, im Nacken. Das russische Bier ist phantastisch – ein guter Schlaftrunk für die Nacht. Zurück im Ab-

teil staune ich nicht schlecht: Drei Männer haben es sich bequem gemacht mit zwei Flaschen Sibirski Corona und einem Newskoje (ein Bier aus Sankt Petersburg), gut gekühlt, versteht sich. Dann stellt Peter die beiden vor.

Es sind Kostja und Jurij, beides Ökologen, die gerade von einem Kongress des WWF (World Wide Fund for Nature) aus Almaty, Kasachstan, kommen und nach Hause fahren. Im Nu ist die Müdigkeit verflogen. Jurij erzählt von dem spannenden Vierländerprojekt im Altaigebirge, an dem Russland, Kasachstan, China und die Mongolei zusammenarbeiten. Bedrohte Tiere, insbesondere der Sibirische Tiger, kommen auf die rote Liste, endemische Pflanzen werden registriert, Bodenuntersuchungen und vor allem Klimaforschung vorangetrieben. Eine Bergstation im Altaigebirge, genau im Grenzknotenpunkt aller vier Länder, ist gerade eröffnet worden. Heiße Diskussionen über die akuten Umweltprobleme lassen uns vergessen, dass es schon weit nach Mitternacht ist. Unsere Provodnika lächelt sanft durch den Türspalt, bezieht schnell die Betten und überlässt uns dem Schaukeln und Rattern, dem melodischen «Dadong, Dadong» auf den Schienen als Schlaflied zur Nacht.

Schlag 6 Uhr morgens ist ihre Sanftheit verflogen. Russische Marschmusik in ohrenbetäubender Lautstärke – im Gang gibts keinen Knopf zum Abstellen – und ein «Dawai, dawai»-Kommando werfen uns aus den Betten. Nowosibirsk ist noch eine Stunde entfernt. Verschlafen

Bilder rechts und nächste beiden Doppelseiten
• Bahnhof Omsk
• Omsk: Hafen an der Irtysch, Loks und Bäume
im Bahnhof, Zug Omsk–Nowosibirsk
• Melancholische Stimmung in Irgendwo
zwischen Omsk und Nowosibirsk

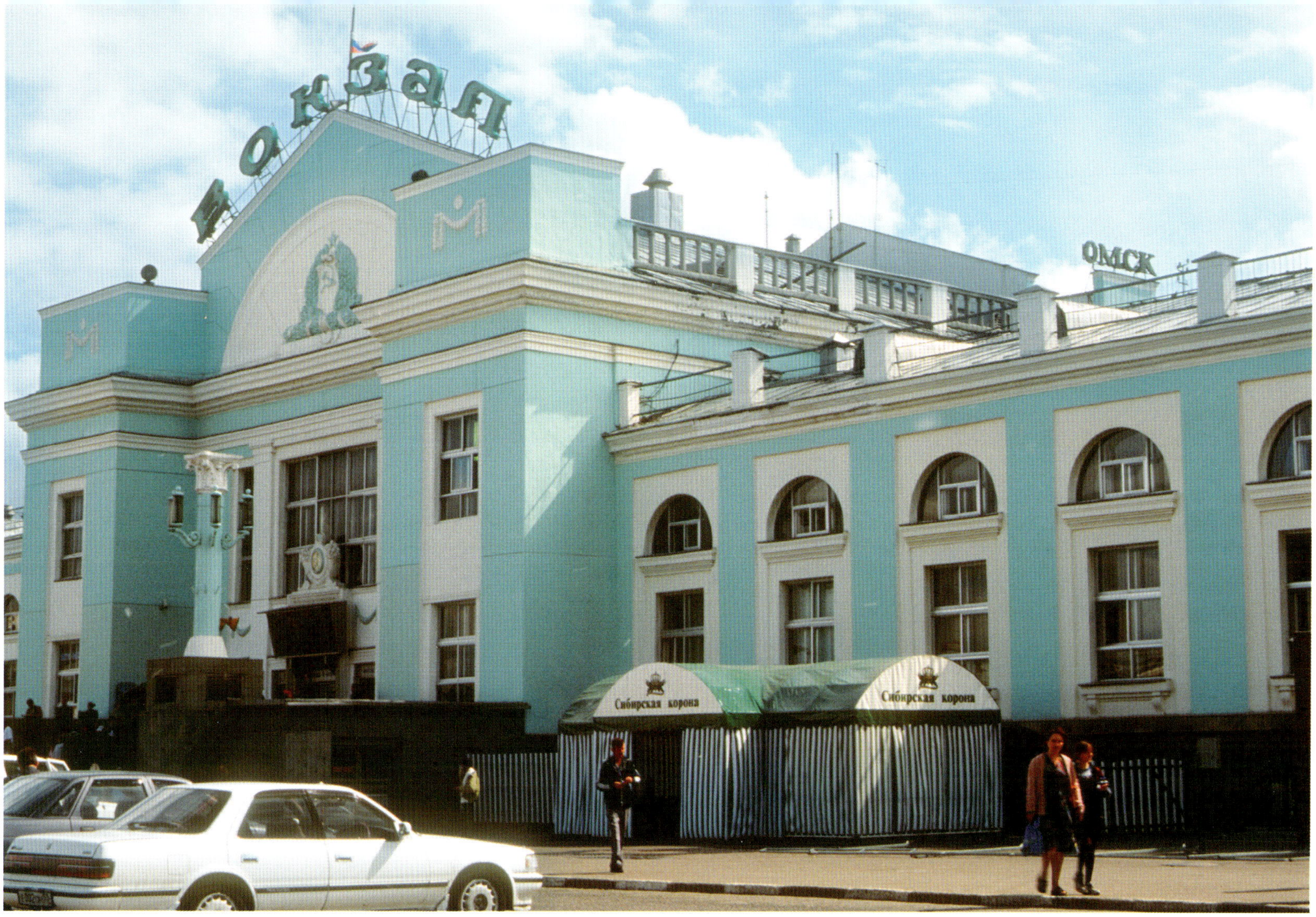
Вокзал
ОМСК
Сибирская корона
Сибирская корона

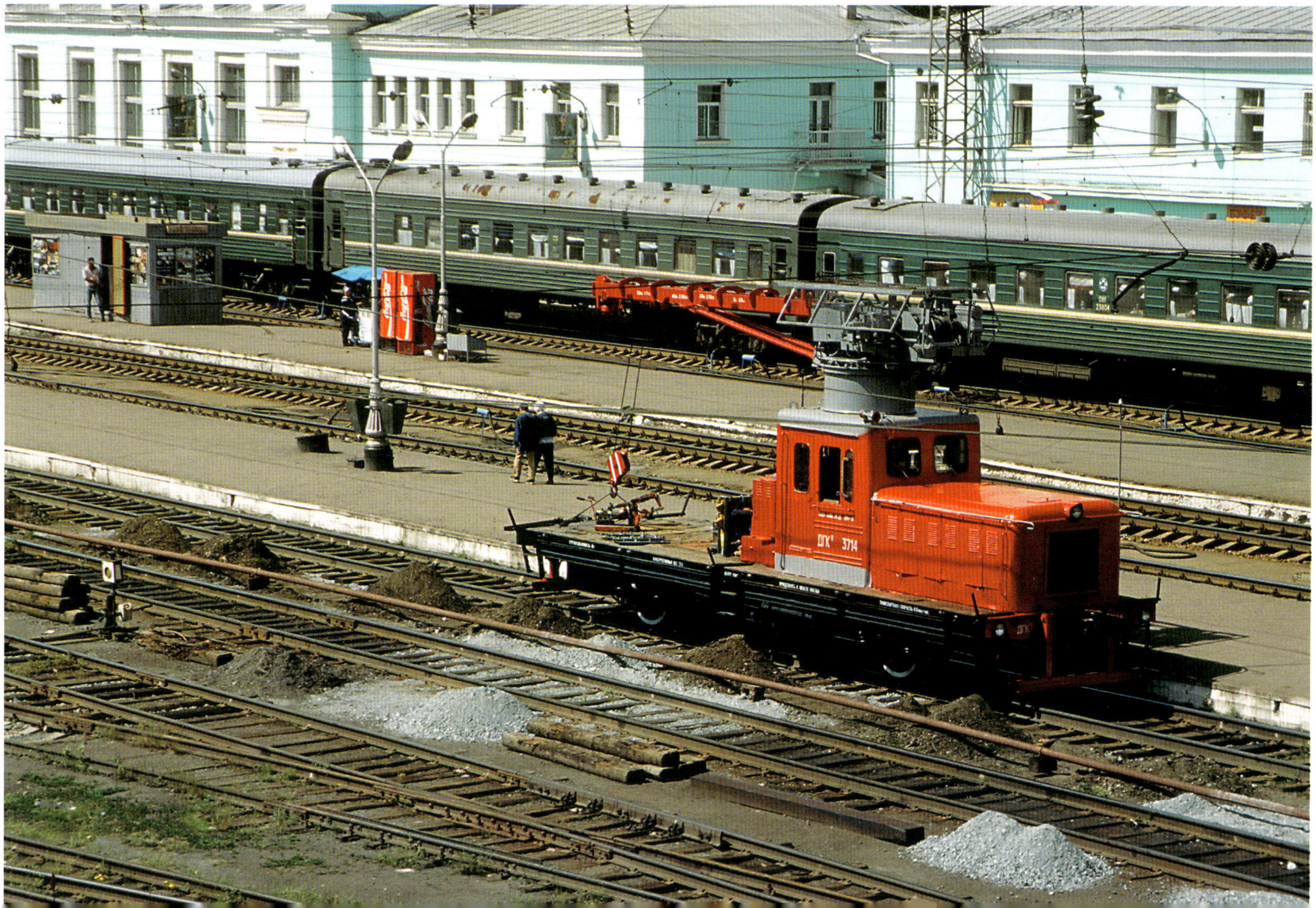

blicken wir in einen bleigrauen Himmel, und als die monotonen «Schlafstädte» Nowosibirsks auftauchen, gießt es wieder einmal in Strömen. «Nicht schon wieder», drohen wir Petrus gen Himmel mit geballter Faust und schauen uns resigniert erst einmal den imposanten Bahnhof an. «Also der Vergleich mit der Form einer Lokomotive übersteigt denn doch meine Vorstellungskraft», werfe ich ein und registriere aus den Augenwinkeln, dass die patrouillierende Milizia freundlich lächelnd Stativ und Kamera ignoriert. «Das gibts doch nicht», lächeln wir zurück und bedanken uns mit einem artigen *Spassiba* (Dankeschön).

Nowosibirsk: Kilometer 3336

Die Stadt Nowosibirsk verdankt ihre Entstehung der Transsibirischen Eisenbahn. Als 1893 beim Bau der Transsib-Magistrale der mächtige Ob überquert werden musste, suchte und fand man die günstigste Überbrückung an der Stelle des heutigen Nowosibirsk. Damals nannte man die neue Siedlung Nowo-Nikolajevsk zu Ehren des Zaren Nikolaj II. Die stürmische Entwicklung brachte der Stadt schnell den Namen «Chicago Sibiriens» ein. 1926 wurde sie dann endgültig in Nowosibirsk umbenannt. Als Hauptstadt Sibiriens ist Nowosibirsk jüngste

Bilder rechts und nächste beiden Doppelseiten
Nowosibirsk:
- **Die Alexander-Newski-Kathedrale ist gleich jung wie die Stadt (1894)**
- **Ornamentik am Theater; gespiegelte Himmelfahrtskathedrale; Bahnhof**
- **Fragmente der alten Ob-Brücke; neue Ob-Brücke; Marktszenerien am Ob**

terra magica

terra magica

Stadt unter den Metropolen und unter architektonischen Gesichtspunkten stark vom städtebaulichen Geist der Sowjetzeit geprägt. Gigantische Brücken verbinden die Stadtteile diesseits und jenseits des Ob.

Heute ist die 1,5-Millionen-Stadt nicht nur ein bedeutendes Industrie-, Handels- und Finanzzentrum, sondern hat auch drei Universitäten, 15 Hochschulen und die bekannte Akademiker-Kleinstadt Akademgorodok in unmittelbarer Nähe, das russische Silicon Valley, in dem die Elite von Forschung und Technik neue Projekte entwickelt. Aber auch hier hat der verheerende Geldmangel dazu geführt, dass Wissenschaftler und Techniker zunehmend ins Ausland abgewandert sind.

Rund um den Bahnhof ist die Hölle los, der Regen hat aufgehört, die Plastikplanen verschwinden hinter den Ständen und der Markt kann weitergehen. Märkte sind das Lebenselixier eines jeden russischen Haushalts. Von der Brautausstattung bis zum Sanitärbedarf, vom Waschpulver bis zu arabischen Essenzen, alles wird angeboten, was der russische Haushalt so braucht. Vor allem das Gemüse hat es uns angetan, pralle weiß-rote Radieschen, scharf duftende Zwiebeln, erdige Kartoffeln, rote aromatische Tomaten und besonders die kleinen weiß-grünen Salatgurken, unverzichtbar in der russischen Küche, vom Frühstück bis zum Abendessen.

«Wenn wir wieder in Moskau sind, kann Luba uns vielleicht sagen, ob die auch bei uns wachsen», überlegen wir und genießen Geschmack pur – Welten entfernt von Gemüse aus Holland, wo die roten Tomaten gleich schmecken wie der rotrindige Edamer-Käse: nach nichts. «Lass uns schnell an den Ob gehen, bevor das Wetter wieder schlechter wird», dränge ich, den «Brückenschlag» muss man gesehen haben. Kilometer über Kilometer laufen wir durch dichten Feierabendverkehr,

durch lärmende, staubige Industrieviertel, bis wir die Eisenbahnbrücke in einiger Entfernung vor uns sehen, streng abgeschirmt durch militärisches Terrain. Das rostige Fragment der alten Brücke, noch schwarz vom Dampf der alten Stahlkolosse, hängt zwischen Himmel und Erde als Weg ohne Ziel.

Zug Nr. 84: Nowosibirsk–Krasnojarsk (Kilometer 4098)

Heute werden wir abgeholt, freuen wir uns, von Jelena, der Tochter von Wolgadeutschen, die jetzt in Hamburg leben. Sie studiert Deutsch und Englisch an der Universität von Krasnojarsk und möchte am liebsten als Dolmetscherin arbeiten. Erwartungsvoll blicken wir die letzten hundert Kilometer nach draußen. Es ist noch früh, ein Hauch von Nebel liegt über den Wiesen, dunkle Tannen und zartgrüne Birken wechseln im Helldunkelfarbenspiel, ein schmucker Landbahnhof gleitet vorbei, und dann kommt er, der Fluss der Flüsse, der Jenisseij, breit und mächtig, majestätisch dahinfließend. Eine Weile fahren wir noch an seinem linken Ufer entlang, bis die Weichen uns unweigerlich in den Bahnhof leiten. Aber wo ist Jelena?

Suchend blicken wir uns um. Zwei Gruppen von jeweils acht bis zehn Zigeunerfrauen haben den Bahnhofsplatz fest im Griff, umringen die Reisenden und betteln, was das Zeug hält. Wir warten nicht länger, sondern fahren ab. *Der russische Mensch liebt das Vielleicht, das Ungefähr und das Irgendwie,* haben wir irgendwo gelesen, und irgendwie war sie tatsächlich ein bisschen spät. Aber an einem Sonntag zu so unchristlicher Zeit gibt es kein Zuspät, trösten wir sie, als sie dann eintrifft.

Und der Sonntag zeigt sich von seiner besten Seite. Es ist traumhaft schönes Wetter, weiße Schäfchenwolken ziehen am blauen Himmel, gerade richtig, um in den Nationalpark Stolby zu fahren. Gesagt, getan, ab gehts mit Jelena im rappelvollen Bus. Nach einer Viertelstunde Fahrt wird es unerträglich heiß. Unter den Sitzen steigt untrüglich die Wärme auf. «Das ist die Heizung», erklärt Jelena, bei den langen Wintern und nur kurzen Sommern weiß man nie, ob sie wieder in Gang kommt, da lässt man sie lieber durchlaufen. Na toll, schweißnass japsen wir nach Luft, als die Endstation erreicht ist.

Drei Sandwiches und Wasser vervollständigen am Kiosk unseren Wanderproviant, dann gehts auf die acht Kilometer lange Strecke in die Bergtaiga des Sajangebirges, wobei die Betonung auf «Berg» liegt, und das heißt stei-

gen, steigen, steigen, bis die ersten «Pfähle», so die Übersetzung von Stolby, die roten Granitfelsen von Perwij Stolb – *Ded* (Großvater), *Babka* (Großmutter) und *Per'ja* (Federn) – zwischen den würzig duftenden Kiefern- und Birkenwaldungen auftauchen. Es gibt allerlei Legenden, die sich um diese Felsen ranken, erzählt Jelena, so auch die vom Felsen Tok-Mak, der einst als Mensch aus Habgier nach Gold seinen Sohn erschlug und vom Berggeist in Stein verwandelt wurde.

Bilder oben und nächste Doppelseite
Blicke aus dem Fenster beim Tee:
Unterwegs zwischen Nowosibirsk
und Krasnojarsk mit den Bahnhöfen
Barlak, Ojasch, Anscherskaja

terra magica

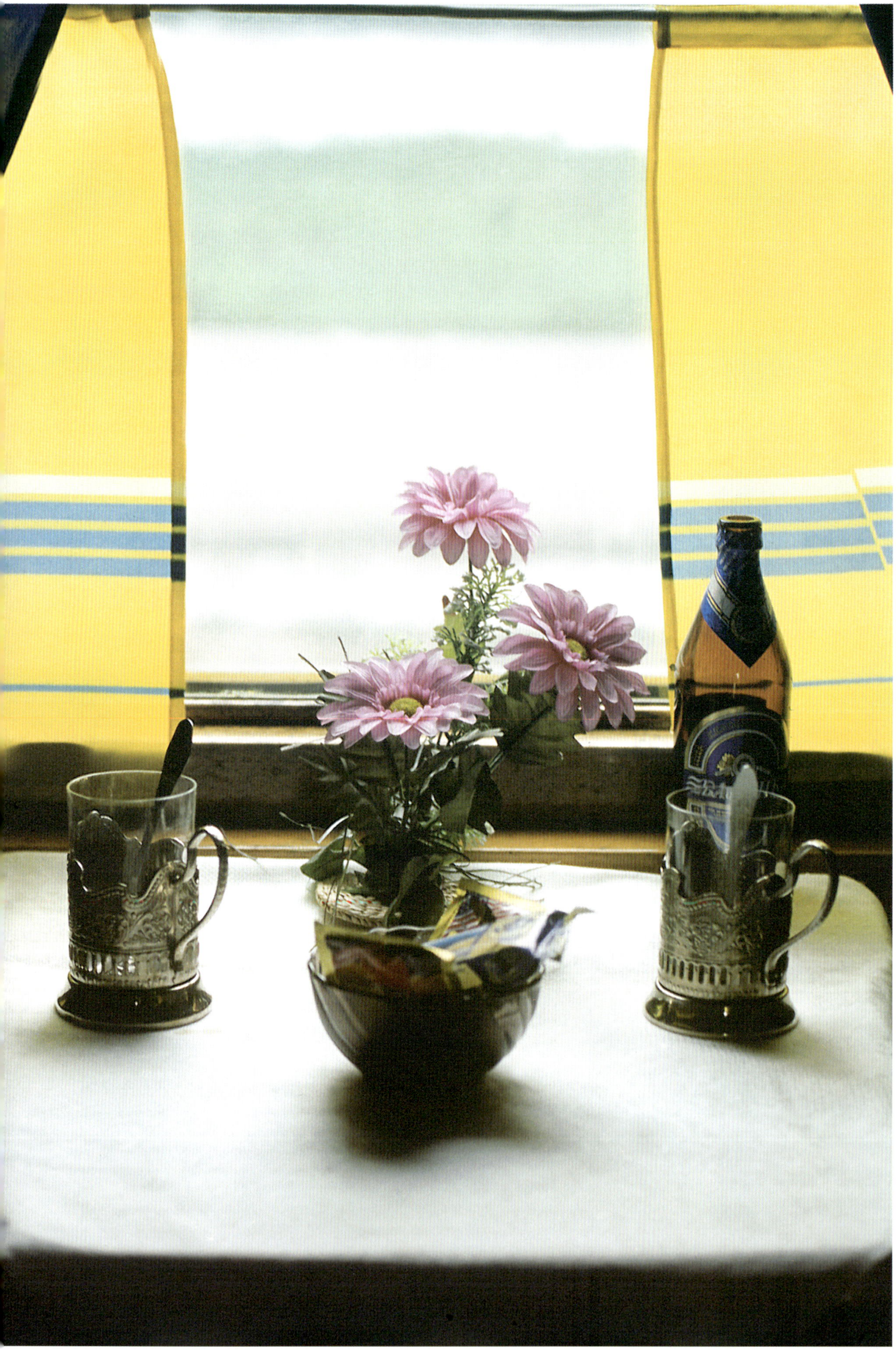

БАРЛАК
ЗАП - СИБ Ж Д
ЖЕЛЕЗНАЯ ДОРОГА
ЗОНА
ПОВЫШЕННОЙ
ОПАСНОСТ

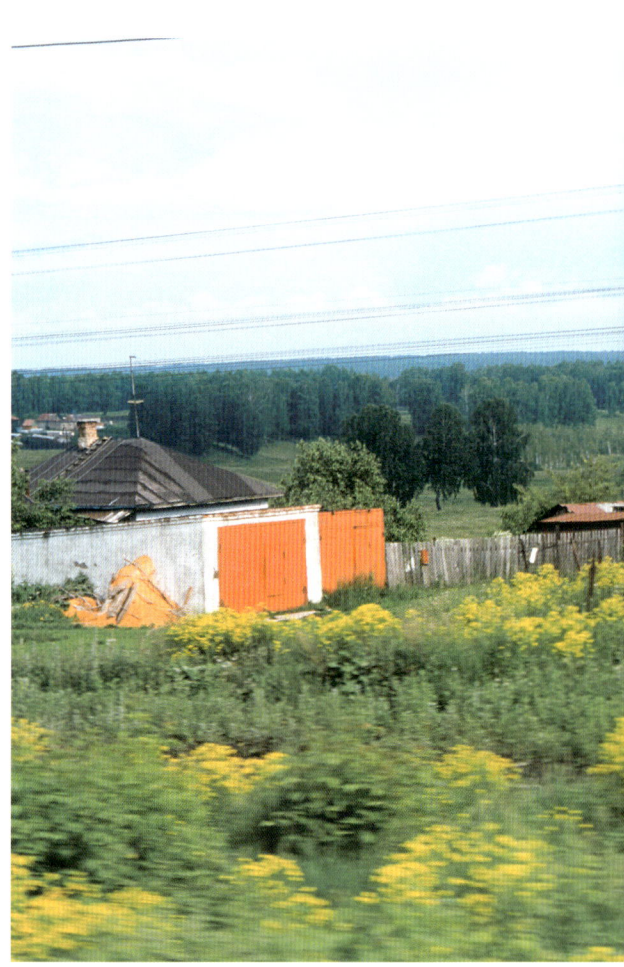

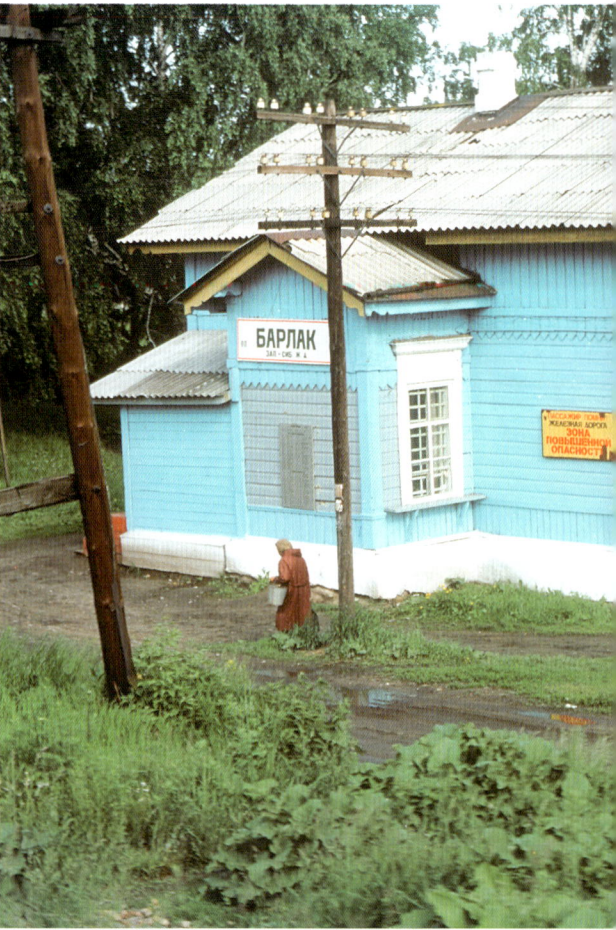

terra magica

Taiga

In der Bergtaiga des Nationalparks Stolby gibt es bis 500 Meter Höhe vorwiegend Lärchen und Kiefern, darüber dominieren die Tannen, durchsetzt von kleinen Birkenwaldungen. «Dies ist die helle Taiga», erzählt Jelena, «weiter im Norden findet ihr dann die dunkle Taiga mit dichten Tannen- und Fichtenwäldern.» Die sibirische Taiga soll allein ein Viertel aller Holzreserven der Erde ausmachen. Hier gibt es neben Luchs und dem inzwischen seltenen Zobel sogar Bären, die aber eher scheu sind, und eine außergewöhnliche Flora: Mehr als ein Zehntel aller vorhandenen Pflanzenarten, man schätzt mehr als 500, sind sehr selten oder gar endemisch. «Zeit für den Rückmarsch», mahnt Peter, auch bergab sind acht Kilometer noch lang genug. Tausende von weißen Schmetterlingen flattern in der Dämmerung in Schwärmen umeinander, aufeinander oder liegen mehr tot als lebendig auf dem Weg. «Das sind russische Kohlweißlinge», erklärt Jelena, «die fressen ganze Felder kahl. Früher hat man gegen all die Schädlinge tonnenweise Chemikalien aus der Luft versprüht, heute ist leider kein Geld dafür vorhanden.» Ob das «leider» berechtigt ist, wagen wir nicht zu beurteilen. Den Teufel mit dem Beelzebub auszutreiben, ist nicht immer das Allheilmittel …

Glühende Hitze empfängt uns am nächsten Tag. «Das ist ganz normal», erzählt Jelena, «letzten Winter hatten wir minus 42 Grad Kälte und jetzt plus 35 Grad im Sommer, das ist typisch Sibirien, wir sind daran gewöhnt. Wollt ihr wirklich noch zur Eisenbahnbrücke?», setzt sie ungläubig nach, als die asphaltierte Promenade am Ufer des Jenisseij endet. Und dann folgen fünf bittere, baum- und schattenlose Kilometer, bis wir unter dem gewaltigen Brückenviadukt stehen. Donnernd rauschen nicht enden wollende Güterzüge zwischen den Stahlträgern hindurch, gezogen von superstarken Doppelloks, und dann, nach ein paar Minuten der Stille, folgt sie, die Transsibirische Eisenbahn. «Schaut mal», ruft Jelena, «morgen früh rollt ihr über diese Brücke», die Brücke über den Jenisseij, der an einigen Stellen bis zu zwei Kilometer breit ist, so dass man das andere Ufer nur ahnen kann.

Am linken Jenisseijufer gründete 1628 der Kosakenführer Dubenskij das Fort Krasnij Jar, was «roter Abgrund» heißt, in Anlehnung an die roten Felshügel entlang des Jenisseij. Der Bau der Transsibirischen Eisenbahn, die 1895 die Stadt erreichte, und die sich schnell entwickelnde Eisenindustrie brachten einen starken Aufschwung, der sich nach dem Zweiten Weltkrieg besonders durch den Ausbau der Atomwirtschaft manifestierte.

Krasnojarsk war darum eine der «streng geschlossenen» Städte, die auch als eine der letzten für Ausländer wieder geöffnet wurden. Die sich in unmittelbarer Nähe der Stadt befindliche Atomstadt Krasnojarsk 26 sowie das fast hundert Kilometer entfernte Krasnojarsk 45 unterliegen nach wie vor besonderer Geheimhaltung und waren noch bis vor kurzem auf keiner Landkarte zu finden, obwohl in Letzterer bereits zusätzlich Medienprodukte, wie Kassetten und Fernseher für deutsche und japanische Firmen gefertigt werden. «Lass uns den letzten Abend noch ein wenig genießen», wünschen wir uns. «Was schlägst du vor?» – «Wir könnten zur Parashevakapelle hinaufsteigen, wo man eine schöne Aussicht auf die Stadt hat», schlägt Jelena vor.

Bilder rechts und nächste Doppelseite
**Im Stolby-Nationalpark in der Taiga
nahe Krasnojarsk: Wald mit von der
Natur geschaffener Felsskulptur-Kunst**

terra magica

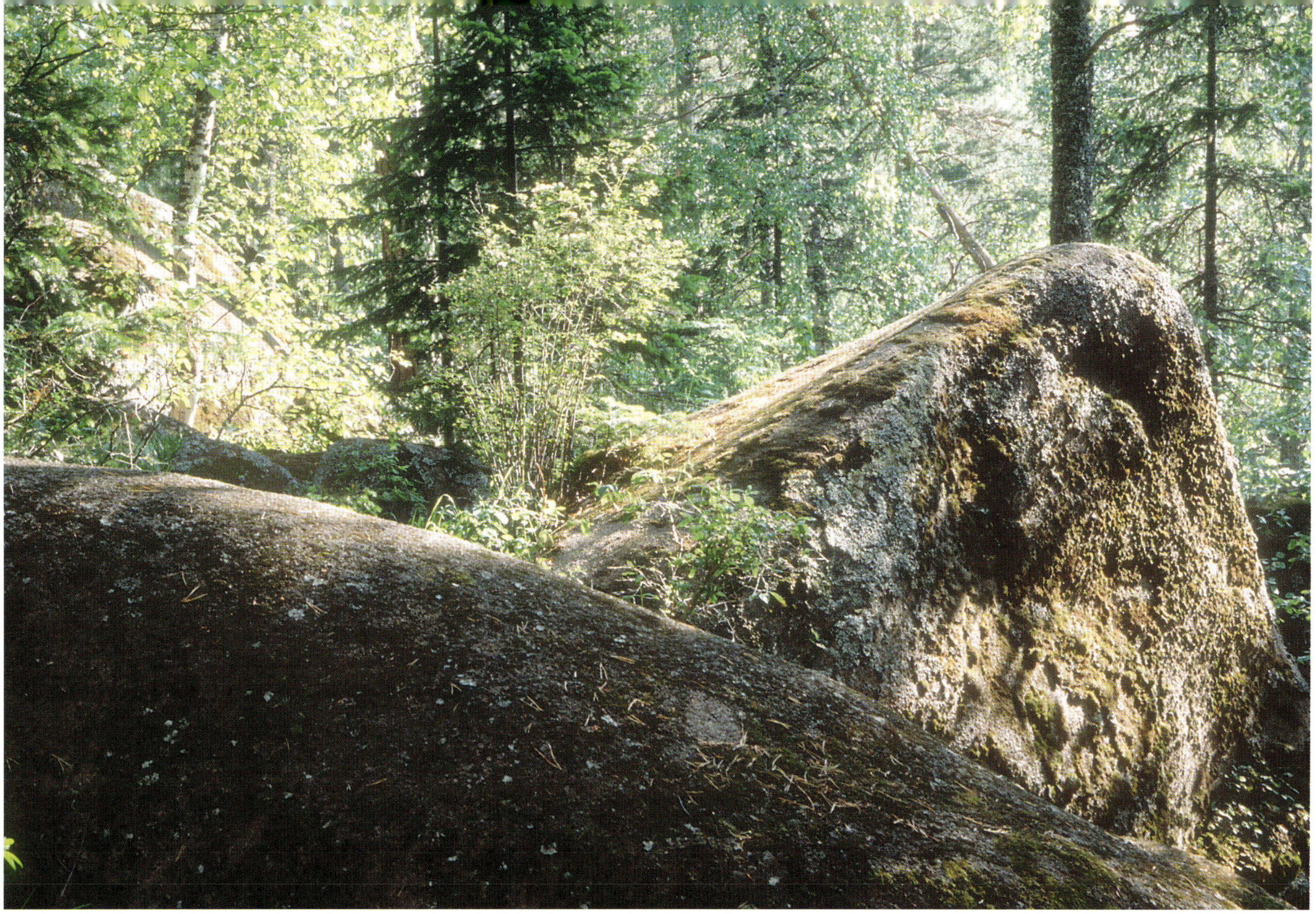

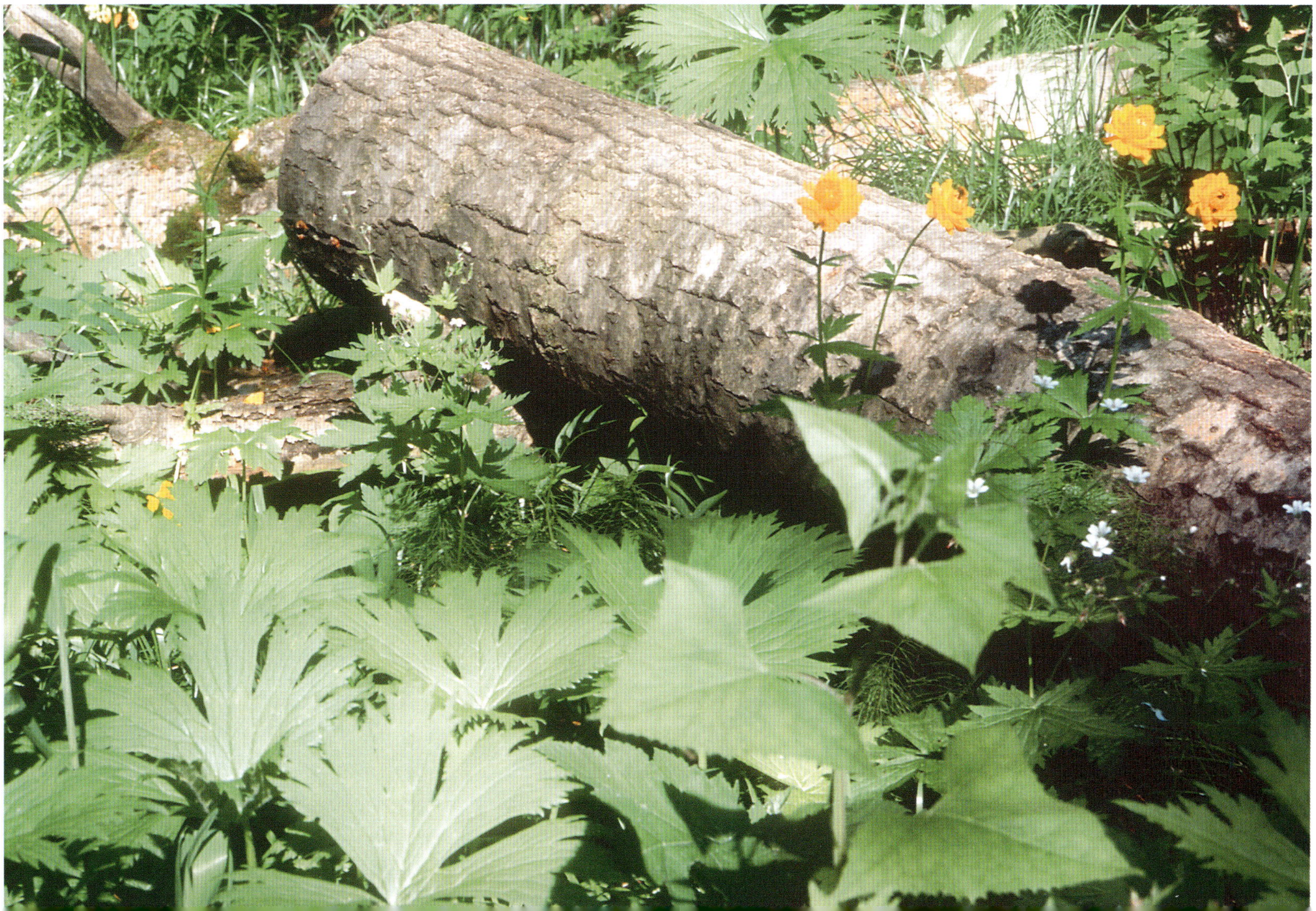

terra magica

Im weichen Licht der Abendsonne hat das Panorama einen einzigartigen Reiz. Wir blicken über das weite Flusstal bis an die dunklen Hügelketten, die das Bild malerisch einrahmen. Um die kleine russische Kapelle mit dem roten Turm hat sich ein Kreis festlich gekleideter junger Leute gebildet, die sich an den Händen halten, Abiturienten, die den Abschluss ihrer Schulzeit an geschichtsträchtigen Plätzen der Stadt feiern, so wie es auch Tradition bei Hochzeitspaaren nach der Trauung ist. Gleich fahren sie weiter, an den Jenisseij ... *Ist die Familie beisammen, so ist auch die Seele an ihrem Platz,* ergänzt Jelena meine Sammlung russischer Sprichwörter, und so ist es auch, als wären wir eine Familie, die sich trennen muss, weil einige allein in die Fremde ziehen. «Bis bald in Hamburg», verabschieden wir uns, «du bist ja vor uns da!» – «Bald ist gut», sagt Peter, «bald ist erst in vier Wochen, noch vier lange Wochen Abenteuer Russland mit der Transsibirischen Eisenbahn.»

Die Kraft und der Zauber der Taiga liegen darin, dass nur die Zugvögel wissen, wo sie zu Ende ist.

(Anton Tschechow)

Zug Nr.10: Krasnojarsk–Irkutsk

Hast du den Zettel von Jelena eingesteckt, auf dem die Vokabeln für ein vernünftiges russisches Frühstück stehen?», frage ich Peter. «Na klar», ist die Antwort, obwohl ich mir nicht sicher bin, dass damit die Not ein Ende hat. «Wenn wir das alles essen, ist der Tag gelaufen», wende ich zaghaft ein.

Wir fahren mit dem «Baikal», einem noblen Zug, dem besten, wie wir am Ende feststellen werden und diesmal – natürlich – «Zweibettabteil», erste Klasse! Ein wenig ein-

sam und verlassen kommen wir uns schon vor – trotz des Komforts – so ganz ohne Kommunikation. «Dir kann man auch nichts recht machen», nörgelt Peter und legt sich erst mal auf die blauen Satinkissen. «Weißt du, wo der Fernseher angeschaltet wird, der an der Decke hängt?» Ein wenig traurig trete ich auf den Gang hinaus, der Zug ist schnell, sehr schnell. Wie ein Zerrbild jagen Schranken, Bahnhöfe, Dörfer und Menschen am Fenster vorbei, als wären wir auf der Flucht zu Neuem, Unbekanntem, das in der Ferne auf uns wartet. Wo ist das vertraute «Dadong, Dadong», das Schaukeln und Wiegen, das Ächzen und Knarren der Achsen, werden wir es nie wieder hören? «Kein Zug für Fotografen», resigniere ich und packe die Kamera beiseite. «Du hast schon den rechteckigen Sucherblick», ärgert mich Peter weiter. «Man muss auch mal nur schauen können.»

Hin und wieder verlangsamt der Zug seine Fahrt. Steile Hügel, auf denen Birken und Tannen wie ein Haarkranz auf einem Kahlkopf stehen, wechseln ab mit Rechtecken sattbrauner, fruchtbarer Erde, die wie lange grün bestickte Lätzchen vor den Holzhäusern liegen. Lauter Gesang aus wodkaseligen Kehlen dringt an unser Ohr und reißt uns aus melancholischen Gedanken. Eine österreichische Reisegruppe feiert einen Waggon weiter ihren letzten Abend auf der Transsib. Vom «Kufsteinlied» bis zum «Schneewalzer» werden die letzten Flaschen geleert, dann hält der Zug noch einmal in Taischet. Hier, bei Kilometer 4515, beginnt die Abzweigung der Baikal-Amur-Magistrale, kurz BAM genannt. Rote Wolkenstreifen tauchen den Bahnsteig in ein fliederfarbenes Licht und lassen die Schienen aufglühen, während der alte Bahnhof sich wie ein schwarzer Scherenschnitt vom Himmel abhebt. Dawai, dawai, ins Bett, in Moskau genießt man gerade den Nachmittagstee, wir eilen fünf Stunden voraus.

Dichte Bewölkung liegt früh am Morgen über dem Land. Große Ackerflächen werden mit Traktoren bearbeitet, die Bauern tragen dicke Jacken und sogar Mützen auf dem Kopf, es scheint kalt zu sein. In der Ferne sehen wir den hellen Schein von Feuerfackeln am Himmel, dahinter riesige Anlagen einer Ölraffinerie. Als wir in den Bahnhof von Angarsk einlaufen, haben wir Kilometer 5145 erreicht. Nur ein kurzer Halt von fünf Minuten, dann rollt der Zug wieder an. Galina, die russische Reiseleiterin der Österreicher, gesellt sich zu uns auf den Gang. «Wisst ihr», beginnt sie, «dass all die maroden, zerfallenen Fabrikanlagen an der Strecke früher dem Staat gehört haben? Heute, in der freien Marktwirtschaft, will sie keiner mehr, und so verkommt alles zu Geisterstädten, die lang-

sam, aber stetig von der Natur wieder in Besitz genommen werden.» Und wirklich: Knorrige, kurze Birkenstämme drängen sich zwischen rostiges Eisengestänge und mannshohes Unkraut breitet den Mantel des Vergessens über die Schutthalden der Vergangenheit. Nur ein paar Kilometer weiter erlöst Natur pur die Augen, unsere Blicke schweifen über den breiten Flusslauf der Angara. Irkutsk, die «Perle Sibiriens», erwartet uns.

Bilder oben und nächste beiden Doppelseiten
Krasnojarsk:
• Parasheva-Kapelle mit Blick auf die Stadt
• Bahnhof innen und außen; eines der letzten Holzhäuser
• Brücke über den Jenisseij

terra magica

terra magica

Noch 4103 km bis Wladiwostok

Irkutsk: Kilometer 5185

Perle Sibiriens»? Ich denke «Paris Sibiriens», aber auf jeden Fall «Fenster zum Osten», wendet Galina ein und verabschiedet sich, sie übernimmt eine neue Reisegruppe, der sie alles noch einmal erzählt, von Anfang an, mit dem gleichen Enthusiasmus.

Auf jeden Fall wurde aus der Festung gegen die Burjaten am Angara-Ufer ein reicher Handelsplatz, an dem die begehrten sibirischen Pelze, Porzellan aus China, Tee und Gewürze aus dem fernen Asien von den Kaufleuten umgeschlagen wurden. Von hier aus wurde 1741 auch die erste Expedition über die Beringstraße mit dem Ziel der Eroberung Alaskas gestartet. 1879 wurde Irkutsk durch einen verheerenden Brand fast vollständig zerstört, so dass die meisten reich verzierten Holzhäuser *(isbas)* aus dem 19. Jahrhundert stammen. 1898 wurde Irkutsk an die Strecke der Transsibirischen Eisenbahn angebunden. Der Transsib-Obelisk an der Uferpromenade der Angara erinnert an die Eröffnung der Transsibirischen Eisenbahn im Jahre 1908. Den Sockel der Säule zieren vier Bronzereliefs, wovon eines den Doppeladler mit dem Zarenerlass zum Bau der Eisenbahn-Magistrale zeigt und ein weiteres an die Eroberung Sibiriens durch den Kosakenführer Jermak erinnert.

Bilder rechts und nächste Doppelseite
Grüne Sommerlandschaften entsprechen
nicht dem westlichen Bild Sibiriens

terra magica

terra magica

Entscheidende Impulse für die geistig-kulturelle Entwicklung der Stadt kamen jedoch von den Dekabristen, die nach Jahren der Verbannung und Zwangsarbeit in Irkutsk eine neue Heimat fanden. Der Name Dekabristen ist abgeleitet von *dekabr'*, was Dezember bedeutet und sich auf den Dezember 1825 bezieht, als eine Gruppe junger adliger Offiziere mit einem Putsch die Zarenherrschaft beenden wollte – noch vor der Krönung des neuen Zaren Nikolaj I. Das Leben der Frauen Jekatarina Trubeckaja und Marija Volkonskaja, die ihren am Putsch beteiligten Männern in die Verbannung folgten, ist in vielen Briefen und Schriften aus der damaligen Zeit für die Nachwelt dokumentiert.

Mit Wolodja und Katja fahren wir weiter an den Baikalsee. Eine schnurgerade Autostraße, die Balschaja Retschka, führt direkt nach Listwjanka. Den ersten Halt machen wir an dem heiligen Schamanenplatz kurz vor Talc'y. Auf einer Anhöhe mit Blick auf die Angara sind Hunderte von bunten Gebetsbändern an Büsche und Bäume gebunden. «Katja», bitten wir, «erzähl uns ein wenig über den Schamanismus, diesen alten Glauben, der weder durch das Christentum noch durch den Einfluss des Buddhismus verdrängt werden konnte.» «Das Wort Schamane», beginnt sie, «bedeutet Zauberer, ein Zauberer, der mit den guten und bösen Geistern der Erde Kontakt aufnimmt, die in jedem Felsen, jedem See und jedem Fluss wohnen. Als Wundertäter und Führer in das Reich der Toten, als Bindeglied zwischen Mensch, Göttern und Geistern, wurden die Schamanen wie Heilige verehrt.»

Und dann erzählt sie noch ein wenig über die Zeremonien. «Das erinnert ja an Voodoo», fügen wir hinzu und machen uns auf den Weg nach Talc'y. Talc'y ist ein Freilichtmuseum. Als die Angara durch den Bau von Staudämmen viele kleine sibirische Dörfer zu überfluten drohte, trug man die einmalige bewahrenswerte Holzarchitektur zuvor ab und baute sie an dieser Stelle originalgetreu wieder auf. Schön ist der Unterschied zu sehen zwischen einem schlichten sibirischen Satteldach-Blockhaus aus dicken Lärchenstämmen mit nur drei Fenstern wegen der eisigen Kälte, und einem russischen Walmdach-Holzhaus mit fünf bis sechs Fenstern und reichen Schnitzwerkverzierungen, den *Nalitschniks,* die angebracht wurden, um die guten Geister anzulocken, die das Haus beschützen sollen.

«Wo ist eigentlich der Schamanenstein in der Angara, der Stein, den der mächtige Vater Baikal seiner geliebten Tochter Angara hinterherschleuderte, als sie zum Jüngling Jenisseij lief?», frage ich Katja, als wir weiterfahren, mit Wolodja am Steuer. «Du meinst den großen Felsen mit der vom Wind zerzausten Kiefer, den wir bereits auf vielen Aquarellen und Ölgemälden von Straßenmalern in Moskau gesehen haben», verbessert Peter. «Da kommen wir gleich hin», antwortet sie, «ihr werdet euch wundern.» Keine 20 Minuten später stehen wir auf einem großen Parkplatz, nein, eigentlich Marktplatz, an der Stelle, wo die Angara aus dem Baikalsee fließt, ein Riesenrummel mit Ständen und Tischen von fliegenden Händlern, wo vor allem Schmuck aus Halbedelsteinen und als Souvenirs allerlei nutzloser Schnickschnack zur Dekoration zu Hause in den guten Stuben der Westmenschen

Bilder rechts und nächste drei Doppelseiten
**• Tee und Fisch an der Angaraquelle;
Schamanenplatz mit Gebetsbändern
• Holzhausschönheiten in Talc'y
• Bahnhof Irkutsk mit burjatischen Händlerinnen
• Irkutsk: Erscheinungskirche, Transsib-Obelisk, Kapelle**

terra magica

terra magica

angeboten wird. Fein säuberlich davon getrennt sind die Stände mit frisch geräuchertem Omul, der für den Baikalsee typischen Fischart, die zu den Lachsen zählt. «Einen müssen wir auf jeden Fall probieren», bestimmt Peter, prüft die an Sonnenschirmen im Wind hängenden Exemplare nach Größe und hat prompt einen dicken Fettfleck am Hemd.

«Wo ist er denn nun, der Schamanenstein?», frage ich ungeduldig und blicke suchend über das Wasser. «Wenn du ganz genau hinschaust», antwortet Katja, «siehst du in der Mitte des Flusses eine Welle, die sich an der Spitze eines kleinen Steines bricht, das ist er!» Noch ein Opfer der Überflutung, entschuldigen wir die imposanten Gemälde der Künstler von Pinsel und Palette, oder? Katja lächelt und schweigt. Von einer Minute zur anderen kräuselt sich das Wasser, Wind kommt auf, der zur Sturmstärke anschwillt und grauschwarze Wolken vor sich hertreibt. Weiße Schaumkronen tanzen auf bleigrauen Wellen. Am gegenüberliegenden Ufer steigen Nebelschwaden auf, kreischende Möwen fliegen ins Land. Eine gespenstische Szenerie. Das ist der Baikal, lieblich und sanft, launisch und unberechenbar.

Baikal-Hymne

Herrliches Meer, o heil'ger Baikal,
Schiff, das einst zählt' zu den Omultonnen.
He, Bargusin, blas die Wogen noch mal,

Bilder rechts und nächste beiden Doppelseiten
• Abendromantik am Baikalsee
• Am Ufer des Baikalsees bei Listwjanka
• Auf einem Höhenweg am Baikalsee

terra magica

terra magica

Bald ist das rettende Ufer gewonnen.
Klirrende Ketten hab lang ich verflucht,
Vorsichtig bin durchs Gebirg' ich geschlichen.
Ein alter Gefährte verhalf mir zur Flucht,
Schließlich bin so ich ins Freie entwichen.

Schilka und Nertschinsk* ficht mich nicht an
Keiner der Wachposten hat mich gefangen,
Kein Raubtier im Dickicht rührte mich an,
Die Kugeln sind alle danebengegangen.

Bin dann gewandert bei Tag und bei Nacht,
In Städte mied ich es sorgsam zu geh'n.
Frauen im Dorf haben Brot mir gebracht,
Burschen oft auch den Knaster zum Dreh'n.

Herrliches Meer, o heil'ger Baikal!
Das löchrige Hemd ward zum Segel am Mast.
He, Bargusin, blas die Wogen noch mal,
Der nahende Sturm gewährt keine Rast.

(Dimitrij Dawydow)

* Schilka und Nertschinsk sind Verbannungsorte östlich des Baikal

Die Wärme der Sonne noch auf der Haut, flüchten wir ins Auto. Wir sind gespannt auf Listwjanka, das kleine malerische Dorf direkt am Baikalsee. Der Ort war schon 1773 Poststelle und Fährplatz. Reich verzierte alte Holzhäuser mit kleinen Gemüsegärten, hier und da ein zurechtgebasteltes Treibhaus, Hühner- und Kuhställe verbergen sich hinter hohen Palisadenzäunen. Wie ein Fremdkörper heben sich die wenigen roten Backsteinhäuser edelster Bauart mit schönen Holzschnitzereien an den Balkonen aus der ländlichen Idylle heraus. Massive Steinmauern, durchbrochen von dicken Holzbohlen, umgeben die stattlichen Anwesen. Ein schlossartiges Gebäude mit verspielten Erkern und Türmchen wie aus einem Disney-Film ist uns schon kurz vor dem Ortseingang aufgefallen.

Das sind die «neuen Russen», werden wir belehrt, die ihr Geld mit dubiosen Geschäften rasch vermehren und gleich wieder in Immobilien an den schönsten Plätzen des Landes investieren. So auch am Baikalsee, wo sie in unberührte Naturschutzzonen mit dem Helikopter Baumaterial für edle Datschen einfliegen und sich dort niederlassen. Die geringe Strafe – ohne weitere Auflagen – zahlen sie mit dem schwachen Rubel lächelnd aus der «Portokasse». Es gibt eine Menge Witze über die neue «Gesellschaftsklasse» Russlands, wovon einer der zutreffendsten zu sein scheint: *Kannst du mir sagen, warum die «neuen Russen» in einem solchen Luxus leben? – Ja! Aus Mangel an Beweisen!*

Unangenehme Bekanntschaft mit «neuen Russen» machen wir binnen kürzester Zeit beim Abendessen. Zwei junge Paare, in nobler Abendkleidung, die so gar nicht zum rustikalen Ambiente des Restaurants passen will, stellen ungefragt einen Kassettenrecorder auf das kleine Servierbüfett und berieseln alle übrigen Gäste mit Musik ihrer Wahl und das in beträchtlicher Lautstärke. Ein Amerikaner, Leiter einer Biologengruppe, die am Baikalsee arbeitet, macht dem Krach schnell ein Ende. Mengen von geräuchertem Omul, Salat, Fleisch, Fisch zu den Hauptgängen und feine Desserts werden vom Bedie-

Bilder rechts und nächste beiden Seiten
Listwjanka: Kirche, Häuser, Fahrzeuge
und Schiffe am Baikalsee

nungspersonal für die neureichen Russen herangeschleppt. Von allem wird nur probiert und dann die Zigaretten darin ausgedrückt – vor den Augen der anderen Gäste, die Stunden auf ihr Essen warten müssen.

Es ist Wochenende, wir gehen durch die verschlungenen Pfade des Dorfes zur Kirche Sankt Nikolaj, vorbei an den mit kunstvollen Schnitzereien verzierten Holzhäusern, und schauen in die kleinen verwunschenen Gärten, in denen die Blumen unserer Kindheit blühen. Die Kirche wurde ursprünglich von einem russischen Kaufmann an der Angara errichtet, der in schwerer Seenot auf dem Baikal zu Sankt Nikolaj, dem Schutzpatron der Seefahrer, gebetet hatte. Mit dem Bau des Staudamms an der Angara wurde die Kirche 1957 nach Listwjanka gebracht.

Der Baikalsee, nein, kein See, das heilige Meer der Sibirjaken, das nördliche Meer, der «Baichay» bei den alten Chinesen, zieht sich in einem sichelförmigen Bogen von 636 Kilometer Länge durch die südsibirische Taiga. Im Süden Mittelsibiriens hat die Erde einen tiefen Riss, und die Geologen führen den Ursprung des Sees auf die Plattentektonik der Erdkruste zurück. Nach wie vor werden etwa 2000 Erdstöße pro Jahr gemessen. Auf beiden Seiten des «Risses» ragen bis zu 2000 Meter hohe Gebirge auf, in der Spalte selbst liegt mit geschätzten 25 Millionen Jahren der älteste und gleichzeitig tiefste See der Erde. 1637 Meter misst seine tiefste Stelle, sein kristallklares Wasser ist das größte Süßwasserreservoir der Erde und er wird langsam, aber ständig größer.

Etwa zwei Zentimeter jährlich driften sein Ost- und Westufer auseinander. So einzigartig wie der See ist auch seine Fauna und Flora. Er beheimatet etwa 1500 Arten, die es nirgendwo sonst auf der Welt gibt, von der Golomjanka, einem Ölfisch, der in 1000 Meter Tiefe lebt, bis zu den kleinen Baikalrobben – 1000 Meilen vom Ozean entfernt. Man vermutet, dass sie einst vom Eismeer durch die Flüsse Jenisseij und Angara in den Baikal gewandert sind. Wie allerdings die Anpassung von Salz- auf Süßwasser möglich war, bleibt noch ein Rätsel.

Hier und da steigt eine helle Rauchfahne aus rußgeschwärzten Räucheröfen in den blauen Abendhimmel, dessen dunkle Wolkenfronten fern am Horizont einen dramatischen Sonnenuntergang verheißen. Und so kommt es auch. Gebannt von dem bezaubernden Lichtspiel stehen wir am See, bis die Dunkelheit das letzte Leuchten am Himmel erlöschen lässt.

Am Morgen hat sich das beschauliche Bild dann gewandelt, alle Welt ist am Baikal. So man ein Auto hat, ist der Ehrgeiz enorm, nur keinen einzigen Schritt zu Fuß zu gehen, sondern bis «in den See» direkt zu fahren. Die Kühe des Ortes tragen dann dazu bei, das Chaos zu komplettieren. Sie legen sich mitten auf die Straße oder bleiben stur auf der Fahrbahn stehen, so dass ein munterer, wenn auch unfreiwilliger Kuhslalom unsere Heiterkeit, allerdings nicht die der verhinderten Freizeitler erregt. Wir beschließen, uns lieber etwas vom Trubel abzusetzen und vielleicht schon einmal die ersten Kilometer der alten Transsib-Strecke von Port Baikal nach Sljudjanka unter die Füße zu nehmen, bevor der Sonderzug «Zarengold» uns ein Stück der 9288 Kilometer nach Wladiwostok mitnimmt. Aber dazu müssen wir erst einmal mit der Fähre nach Port Baikal übersetzen.

Russland kannst du nicht mit dem Verstand begreifen, sagt ein weises Sprichwort, «und ebenso wenig die Abfahrtzeiten der Fähre», fügen wir hinzu, nachdem sie be-

Bilder rechts
Mit der Fähre von Listwjanka nach
Koty Bolschoi; Port Baikal

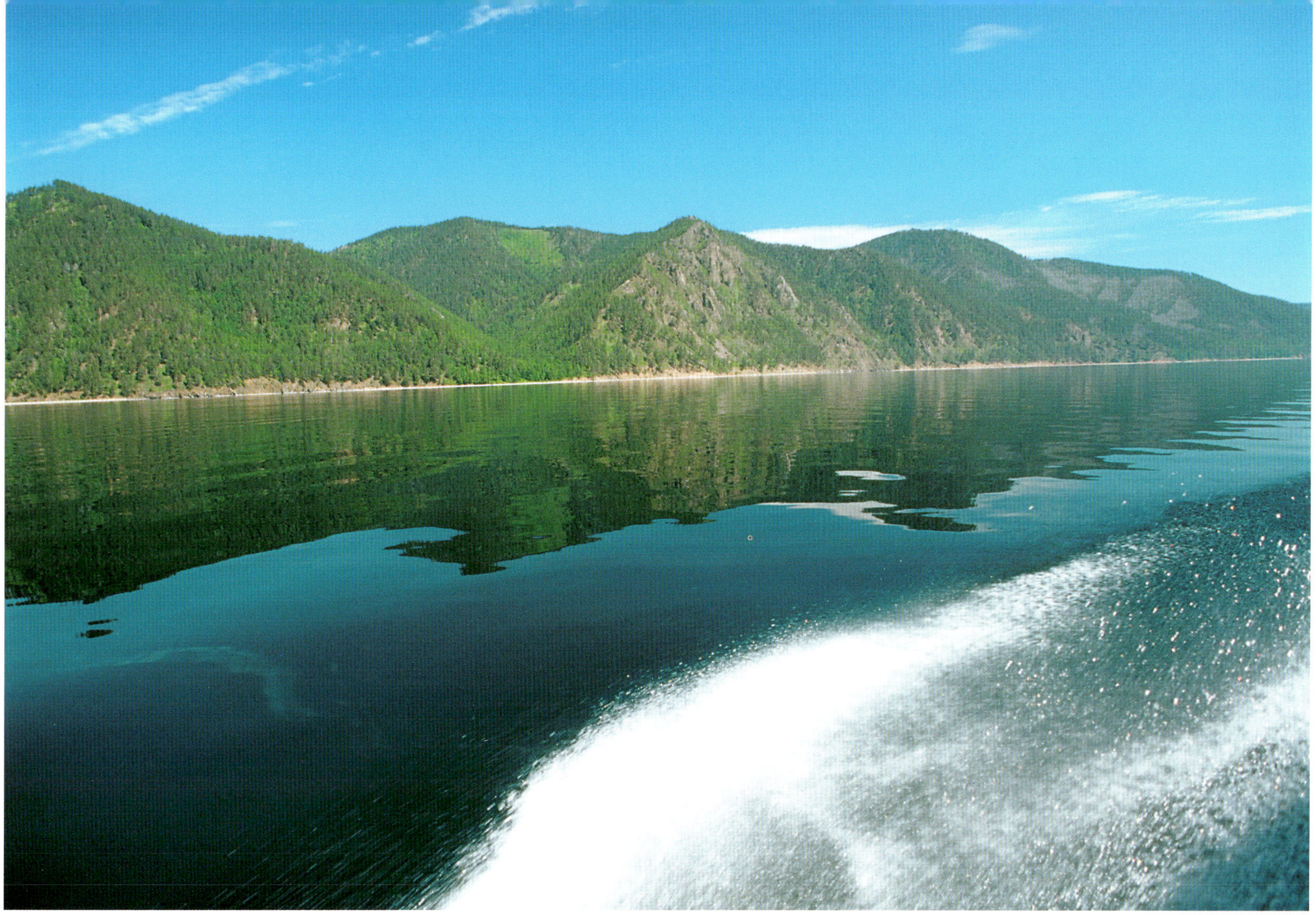

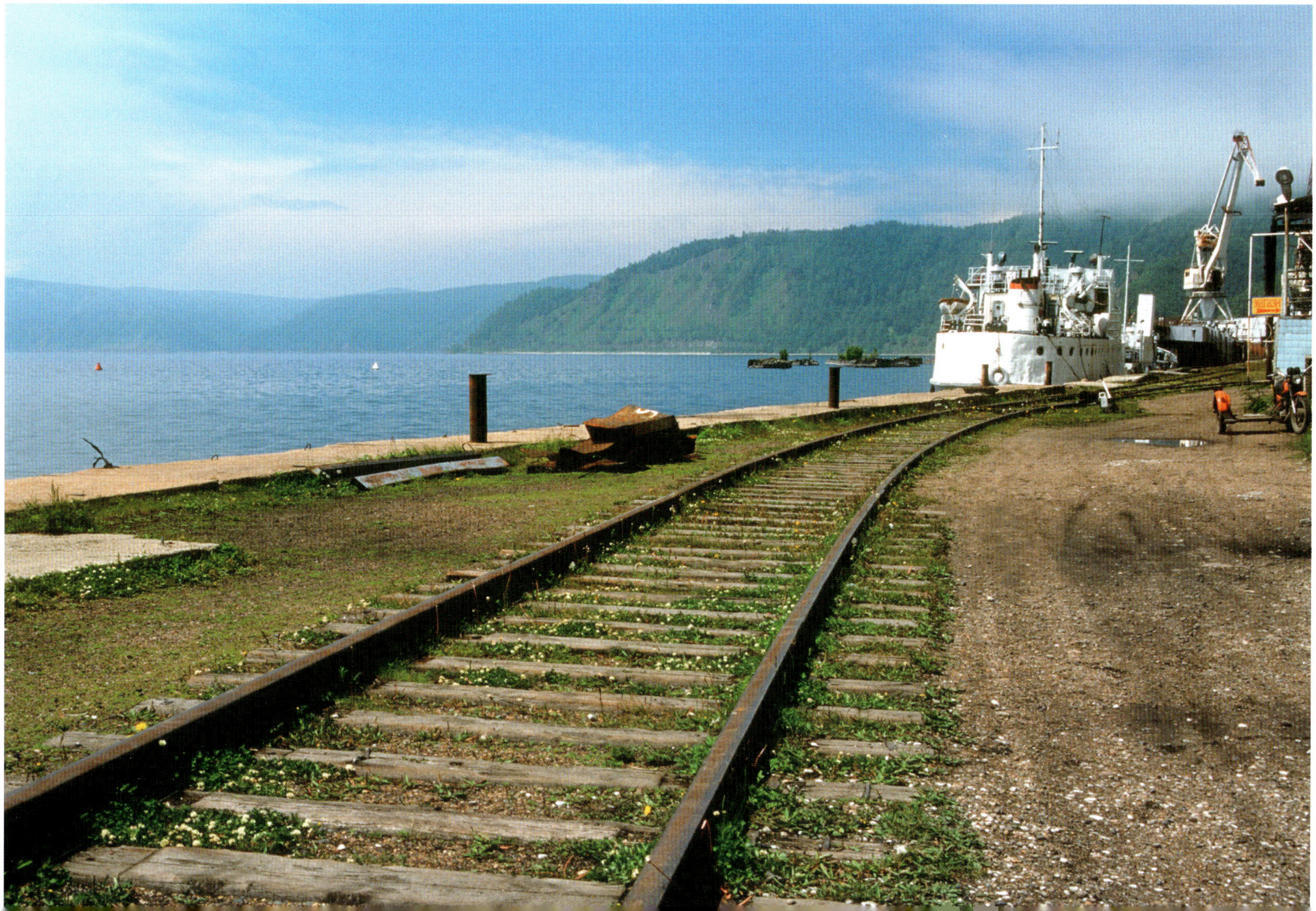

reits um 11 Uhr an uns vorüberfährt, obwohl sie eigentlich erst um 12.15 Uhr ablegen sollte. Niemand kann Genaues sagen, ein Fahrplan hängt nicht aus, aber es werden eine Menge Spekulationen angestellt und uns der gute Ratschlag mit auf den Weg gegeben: «Ihr müsst nur ein wenig Geduld mitbringen, heute Nachmittag, spätestens aber heute Abend kommt sie bestimmt noch einmal zurück.»

Im Haus gegenüber sitzt ein alter Major in seiner früheren Ausgehuniform auf der Gartenbank, ordenbehangen, und schaut dem quirligen, bunten Treiben auf dem Fähranleger zu. So lange wollen wir doch lieber nicht warten und wandern erst einmal auf dem hellen Kiesstrand bis an die Felsen und dann auf dem Höhenweg bis ans Ende der Bucht. Eine Bootsfahrt nach Kati Balschoi, einem kleinen Dorf, das nur über den Baikalsee Verbindung zur Außenwelt hat, beschließt den Tag. Unter einem rot glühenden Himmel wandern wir nach Hause, morgen, morgen ist es endlich so weit, wir fahren mit dem «Zarengold»!

Morgens um sieben ist die Welt nicht mehr in Ordnung. Es regnet, und das heute! «Gott Burchan zürnt, wir haben ihm keinen Wodka geopfert!» – «Ach was», sagt Peter, «der hat genug von den anderen bekommen, jetzt hat er einen dicken Kopf», und schleppt das Gepäck zur Fähre, wo drei Reisegruppen mit Fähnchen, einem

Bilder rechts und nächste drei Doppelseiten
- **Holzpracht im Zarengold-Speisewagen**
- **Zug «Zarengold» auf der alten Baikal-**
  strecke Port Baikal–Sludjanka
- **Weiterer Zwischenhalt auf der alten Baikalstrecke**
- **Baikalstrecke: Bahnhof Maritui, hängende**
  Fische (Omul-Trockenfisch)

terra magica

terra magica

blauen, einem roten und einem beigen, schon auf uns warten. Wir setzen über nach Port Baikal, wo die alte Strecke der Baikalbahn beginnt. «Ob die blaue Rostlaube det noch schafft?», unkt ein Berliner, hält schnell den Hut fest, den ihm der starke Wind vom Kopf blasen will, und verzieht sich lieber unter Deck.

Sonderzug «Zarengold»: Port Baikal–Sljudjanka–Ulan-Ude

Aber der Gott des Baikal hat doch ein Einsehen mit uns. Kaum hat die Fähre angelegt, wird der See spiegelglatt und die ersten Sonnenstrahlen lugen durch die Wolkendecke. Und da steht er nun vor uns, der Zug «Zarengold». In den Fünfzigerjahren des letzten Jahrhunderts unter Nikita Chruschtschow für die sowjetische Regierung gebaut, reisten mit diesen Wagen später Regierungsbeamte und Leonid Breschnew. Zwei stilvoll ausgestattete Speisewagen mit allerlei verschnörkeltem Holzdekor in leuchtendem Rot und Delfter Fliesenblau, von schweren Holzbalken an der Waggondecke eingefasst, und ein teakgetäfelter Salonwagen mit Bar und klassischem Piano laden zum Essen, Trinken und Parlieren ein, während draußen die Landschaft vorüberfliegt. Aber vorläufig stehen wir noch.

Natascha, unsere russische Reiseleiterin, organisiert die ersten Mitfahrten auf der Lok, vorne im Führerstand. Schwerfällig setzt sich die blau-gelbe Diesellok in Bewegung und rattert im 20-Stundenkilometer-Tempo über die Schienen, vorbei an blühenden Wiesen mit weißer Schafgarbe, blauen Vergissmeinnicht und Tupfen von leuchtend gelben Butterblumen. Am roten Felshang kokettieren die blauen Akeleien mit orangenem Türken-

bund, und vor uns liegt er, der Baikalsee, in Azurblau, in dem sich Tausende von Sonnenstrahlen brechen und wie goldene Sterne über das Wasser tanzen. Stunde um Stunde fahren wir durch dunkle Tunnels, über alte Viadukte, stählerne Brücken und können uns kaum von dem bezaubernden Anblick lösen.

Dabei ist die Baikalstrecke einer der ingenieurtechnisch schwierigsten Abschnitte im ursprünglichen Verlauf der Transsibirischen Eisenbahn, den man nicht nur «Goldschnalle» nannte, weil er den Schienenstrang der Transsib, der Russland durchquerte, zusammenhielt, sondern auch extrem teuer war. Es mussten unzählige Tunnels und Galerien in den Fels gebaut werden. Durch die Aufstauung der Angara wurde die Strecke entlang des Flusses überflutet. Die Gesamtlänge der verbliebenen alten Eisenbahnstrecke von Port Baikal bis Sljudjanka beträgt heute 84 Kilometer.

Viel zu schnell haben wir den trutzigen Marmorbahnhof von Sljudjanka erreicht. Auf dem Bahnsteig drängen sich Frauen mit Draht- und Plastikkörben, in denen Omul in allen Varianten angeboten wird. Fisch, Fisch, Fisch, so weit das Auge reicht. Noch eine Weile fährt der Zug am See entlang, dann leiten uns die Schienen durch dichte Birkenwälder und führen uns entlang steiler Hügelketten zum Ufer der Selenga hinab, bis sie den Bahnhof von Ulan-Ude erreichen. Wir sind in der Hauptstadt der Burjatischen Republik.

Bilder links und nächste Doppelseite
• **Warten auf Hungrige und auf den Zug. Im Marmorbahnhof Sludjanka**
• **Ulan-Ude: junge Dampflok (1951) im Einsatz, altes Holz- und neues Betonhaus, Bahnhof, burjatische Marktfrau**

БАНК

Республика Бурятия
УЛАН-УДЭ

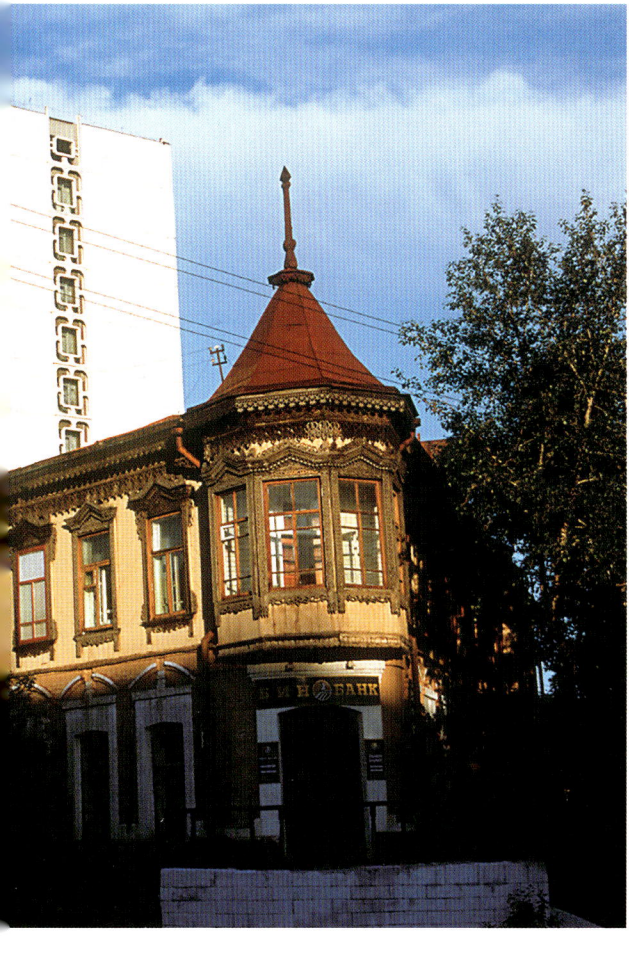

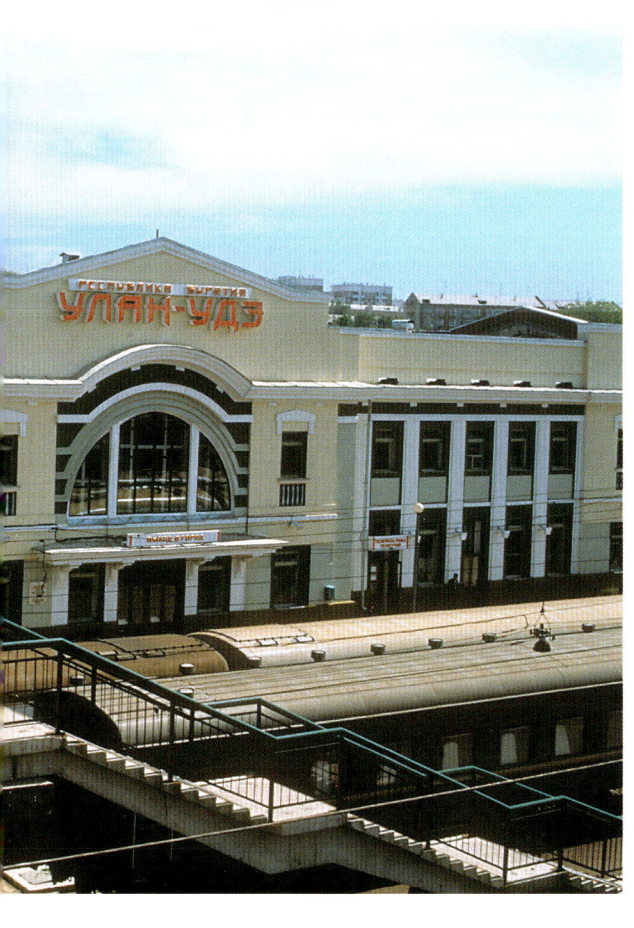

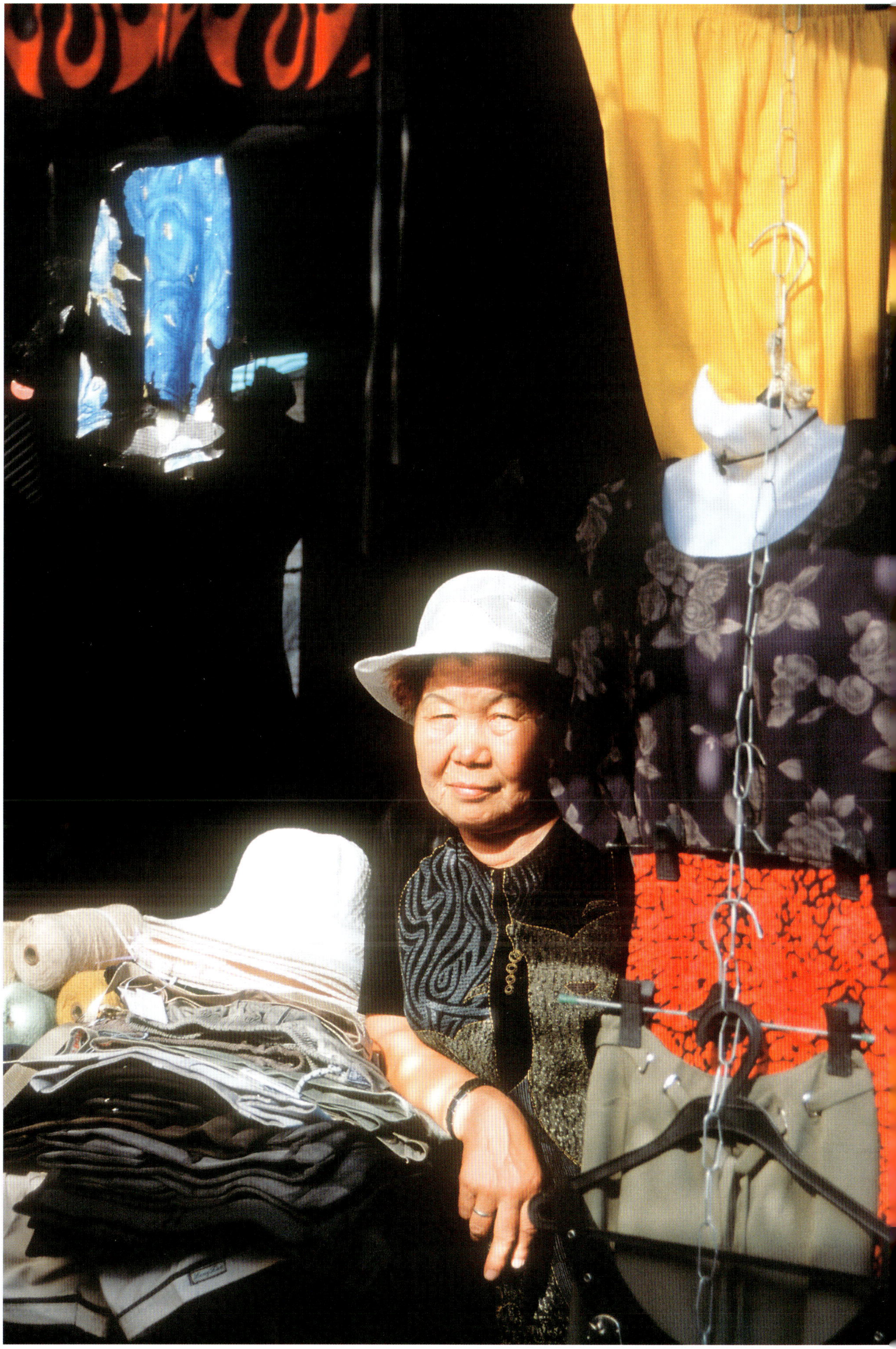

Ulan-Ude: Kilometer 5640

Die Autonome Republik Burjatien, wie der offizielle Titel lautet, ist Bestandteil der Russischen Föderation, aber mit eigener Flagge und Hymne. Der größte Teil der Bevölkerung besteht heute allerdings aus Russen, und die burjatische Sprache, mit der mongolischen eng verwandt, wird auch im öffentlichen Leben nicht mehr gesprochen. Das Volk der Burjaten ist durch den Zusammenschluss nordmongolischer Stämme und ewenkischer Gruppen Ende des 17. Jahrhunderts entstanden. Während die Chanten und Mansen sich an den Nebenflüssen von Ob und Irtysch niederließen, siedelten die Burjaten bereits seit dem 13. Jahrhundert in den Gebieten um den Baikalsee. All diesen Völkern ist eines gemein, dass sie Halbnomaden sind.

Ulan-Ude war ursprünglich eine Winterbefestigung der Kosaken am Fluss Uda. Ende des 17. Jahrhunderts entstand dann die Festung Verchneudinsk, Ober-Udinsk. Den Namen Ulan-Ude, was so viel wie «rote Uda» bedeutet, erhielt sie erst 1934, zu Zeiten der Sowjetunion. Auf dem Bahnsteig ist ein buntes Völkergemisch unterwegs mit Koffern, Taschen, Kartons und Rucksäcken, asiatische Gesichter, die unserem Zug erwartungsvoll entgegenblicken, Koreaner, Chinesen und Mongolen, die sich noch schnell mit Reiseproviant von den Babuschkas eindecken.

Kurz vor Einfahrt des Zugs in den Bahnhof haben wir eine Entdeckung gemacht, die unsere Gedanken nicht mehr loslässt. Ein großer schwarzer Stahlkoloss, eine alte Dampflok, rangiert fauchend und zischend auf einem der Nebengleise. Es gibt sie also doch noch, aber wie kommen wir dahin? Etwas ratlos laufen wir entlang des hohen Zaunes, der das Bahngelände von der Stadt trennt. Dann sehen wir das Bahndepot, an dessen Eingang die Bilder der «Arbeiter des Jahres» in einem Schaukasten hängen, wie in alten sowjetischen Zeiten. Die Neugier überwiegt, wir wagen uns hinein.

Mit Händen und Füßen versuchen wir, uns verständlich zu machen. Niemand spricht hier auch nur ein Wort Englisch. Zu unserer Überraschung führt man uns in die «Chefetage». Alexander, der Leiter des Bahnbetriebswerks, ein charmanter dunkelhaariger Russe mittleren Alters, begreift sehr schnell, seine größte Leidenschaft ist die Transsibirische Eisenbahn. Ein kurzes Telefonat, und wir werden hinausgeführt auf das Bahngelände, vorbei am Wasserturm, an dem die stolze Aufschrift «100 Jahre Transsibirische Eisenbahn» prangt.

Vorsichtig passieren wir die ölverschmierten Gleise, hier herrscht ein reger Rangierbetrieb. Und dann stehen wir ehrfurchtsvoll vor ihr, dem Dampfross Lugansk 3438 aus dem Jahre 1951, liebevoll gehegt, gepflegt und sorgfältig abgeschmiert von Wadim, dem Lokführer. Anscheinend erzählt er uns ein wenig über ihre Geschichte, aber wir verstehen leider nur Bahnhof. «Dass wir das noch erleben durften», seufzen wir glücklich, und planen den nächsten Tag.

«Die mongolische Steppe hat mich schon immer gereizt», erkläre ich Peter, als wir in der Hotelhalle auf Sergej und Natalja warten, die uns fahren. Vor einer kunstledernen Sitzecke aus den 1950er Jahren steht ein voluminöser Fernsehschrank, aus dem in Bild und Ton Werbung

Bilder rechts und nächste Doppelseite
Wir sind nicht versehentlich nach China oder gar Thailand geraten, sondern besuchen die buddhistische Klosteranlage Ivolginsk bei Ulan-Ude

terra magica

terra magica

in voller Lautstärke dröhnt. An der Wand gegenüber klimpern eine Reihe von Spielautomaten. Die Damen an der Rezeption scheint das nicht zu stören, gelangweilt polieren sie ihre Fingernägel.

«Erst schauen wir aber noch beim Kloster Ivolginsk und beim heiligen Schamanenplatz vorbei, bevor wir an die Grenze fahren», schlägt Natalja vor, als sie mit etlicher Verspätung eintreffen. Schon von weitem leuchten die gelben Dächer des Klosters gegen die dunkle Bergkulisse am Horizont. Das zentrale Heiligtum des Buddhismus in Burjatien und Russland, in dem der Hambo-Lama, der oberste Lama Russlands, lebt, wurde 1949 errichtet. Ein großes Ereignis nach der Öffnung Russlands war der Besuch des Dalai-Lama im Jahre 1991. Was uns ein wenig irritiert, ist das unablässig vom Band laufende «Om mani padme hum». Selbst im Kloster wird die «Musik» nicht mehr von Hand gemacht!

Und dann fesseln uns wieder die Schamanen. Auf dem kahlen Berghang, hoch über dem Flusstal der Selenga, schweift der Blick über die burjatische Steppe bis zu den dunklen Bergen am Horizont. Vier im Quadrat aufgestellte hohe Holzpfähle ragen in den Himmel, ähnlich den Pflöcken, an denen die Mongolen die Pferde vor ihrer Jurte festbanden. Diese Pflöcke hatten zugleich symbolische Bedeutung. In jeden waren drei Ringe eingekerbt, der oberste für die Pferde der Götter, der mittlere für die Pferde der Menschen und der unterste für die

Bilder rechts, nächste Doppelseite und Seiten 148, 149
* **Nahe der mongolischen Grenze: Schamanenplatz**
* **Bahnhof Petrovskij Zavod; Wasserspeicher aus der Dampflokzeit auf der Strecke nach Chilok**
* **Schmackhaftes Fastfood im Bahnhof Chilok**
* **Unterwegs von Chilok nach Tschita**

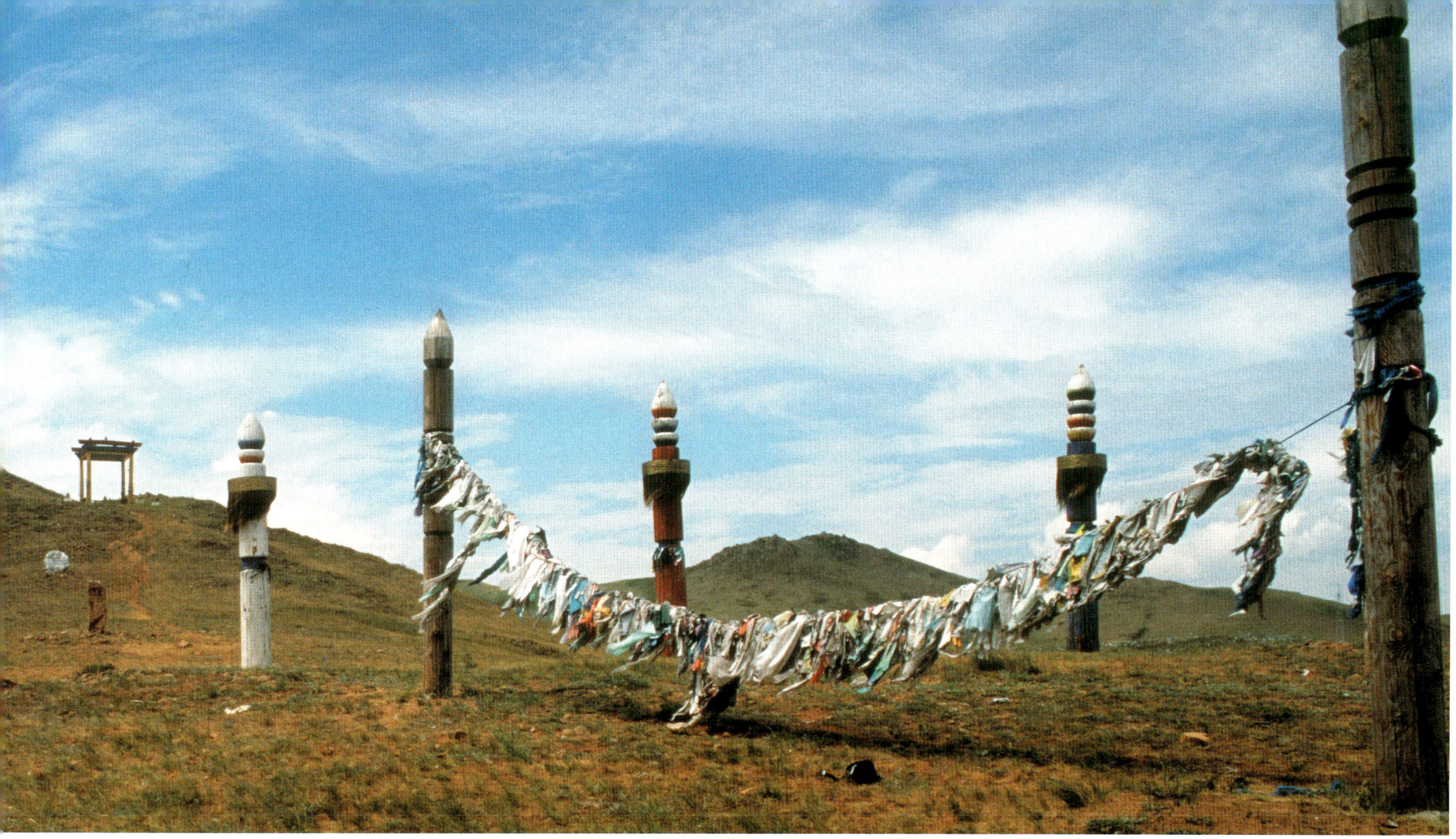

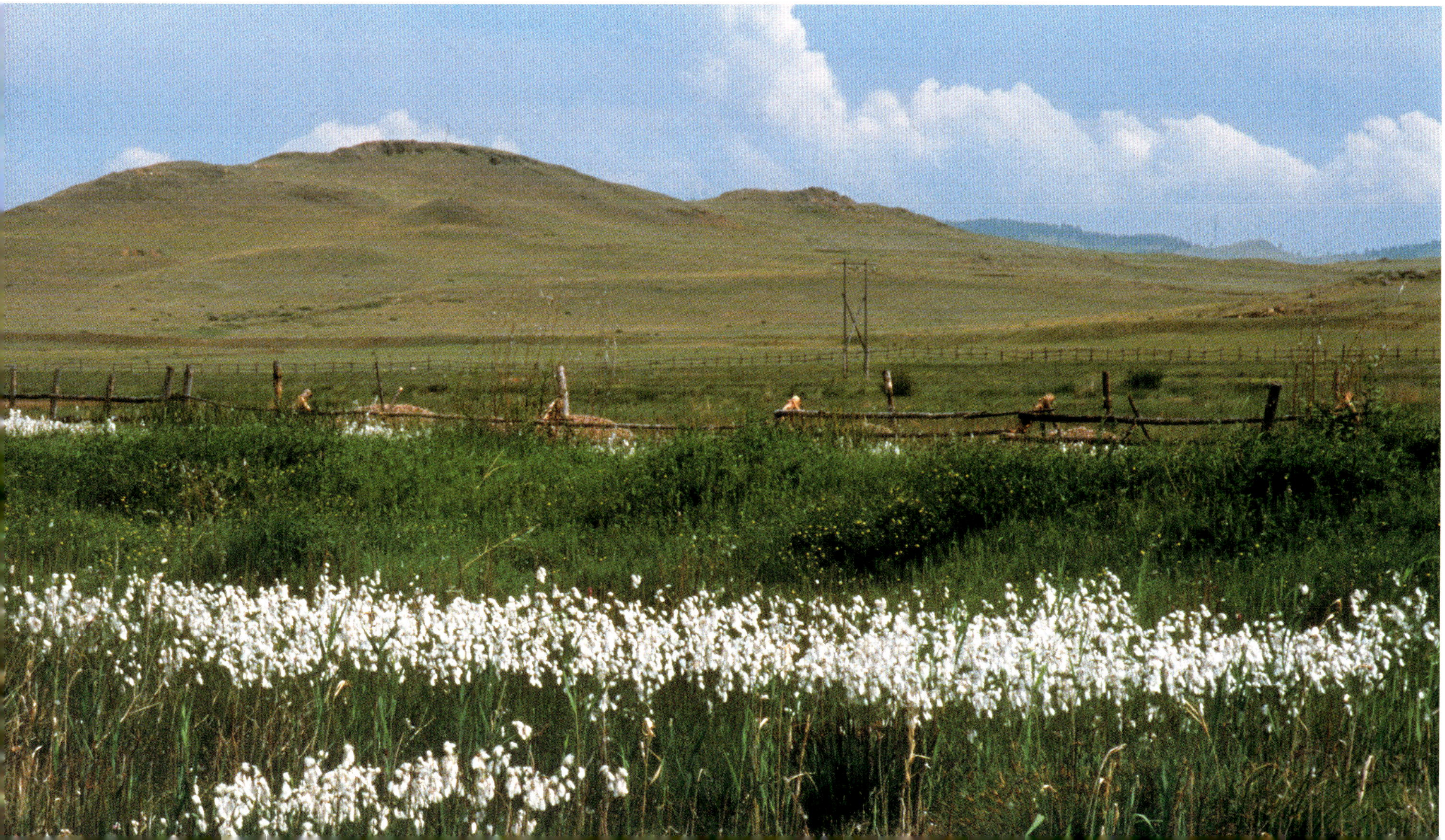

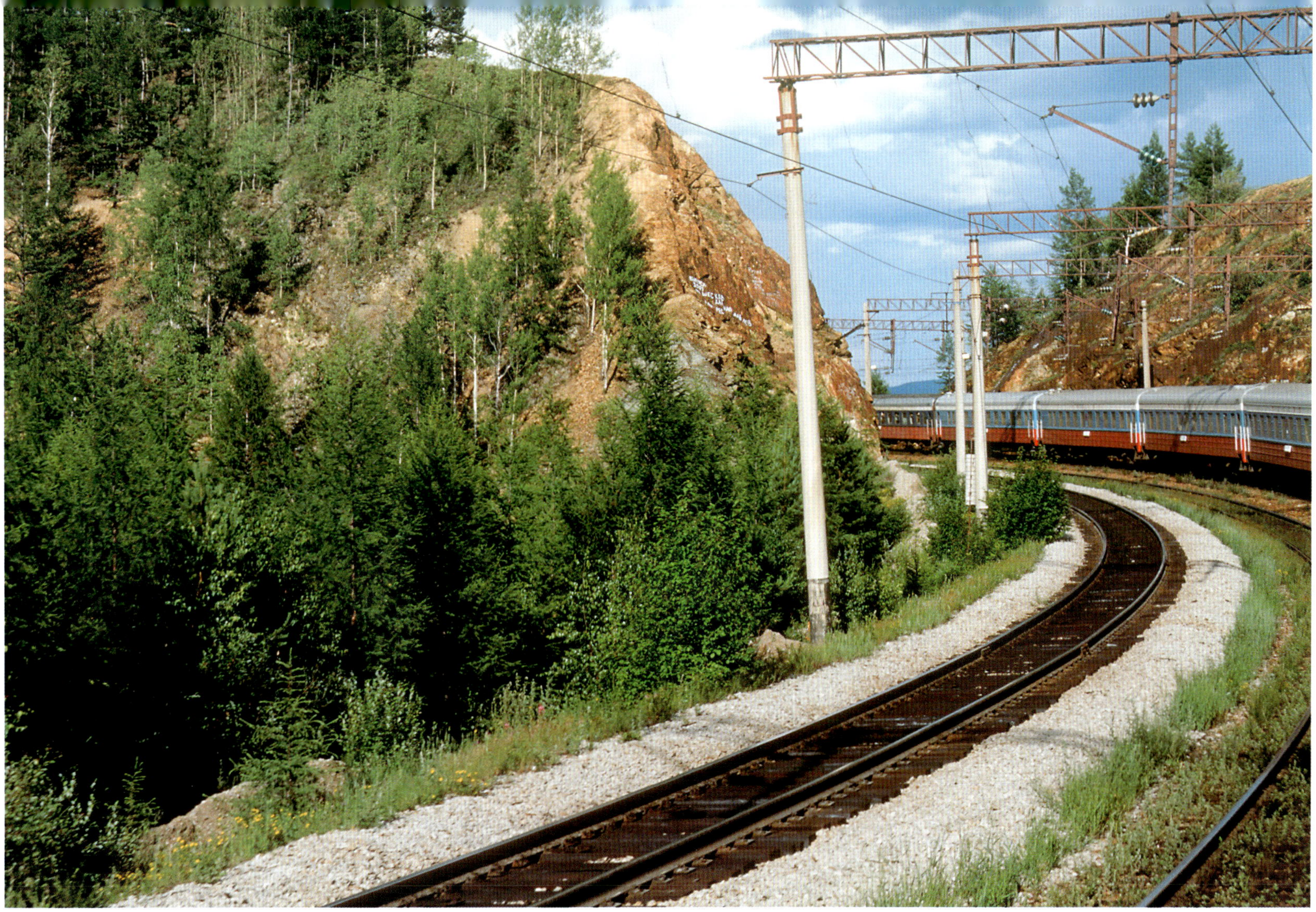

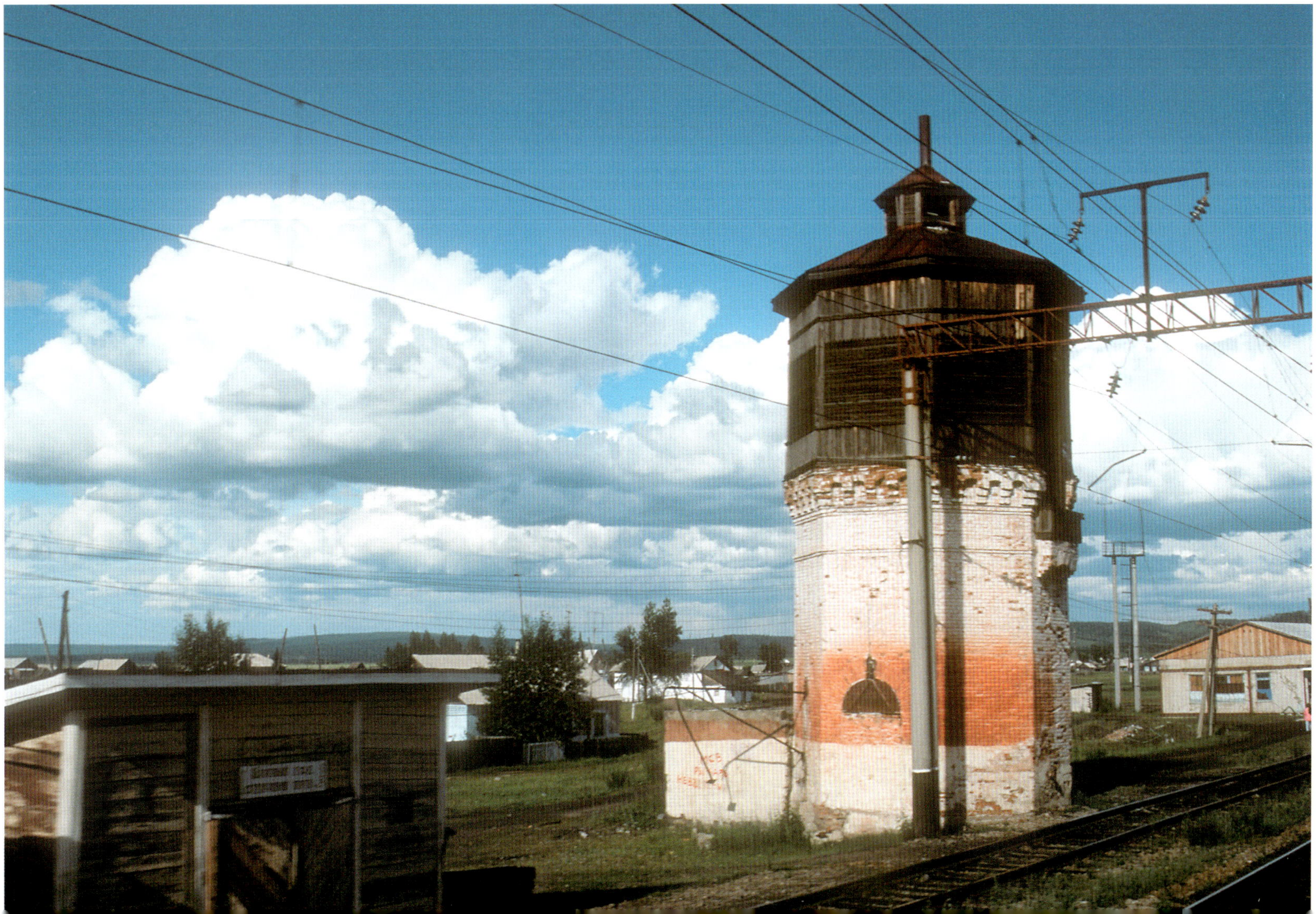

Geister der unterirdischen Welt. Die unzähligen bunten Stoffstreifen, wie eine Girlande zwischen die Pfähle am Abhang des Felsens gespannt, tragen all die guten Wünsche und Gebete mit dem Wind in den Himmel. Auch wir senden unsere Wünsche in den Himmel, der sich unübersehbar bewölkt. Und die dunkel drohenden Wolken bleiben an den fernen Bergen hängen. Ein buntes Tuch mehr weht an der Girlande. Golden leuchtet das Steppengras und glühende Streifen durchziehen den Himmel, als die glasige Sonne untergeht.

Zug Nr. 2: Ulan-Ude–Tschita

Um 2.30 Uhr ist die Nacht zu Ende. Nur noch eine Stunde bis zur Abfahrt. Hastig trinken wir einen Schluck Wasser und fahren zum Bahnhof. Und dann geht es wieder los, treppauf, treppab, treppauf, treppab, der noble «Rossija» läuft auf Gleis 5 ein. Wie soll das bloß eine alte Babuschka packen!

Draußen ist es schon hell. Dunkle Bergtaiga wechselt in saftiges Grasland, neongrüne Sümpfe und weite Ebenen von honiggelbem Steppengras. Die hohen Blütenstände der Feuerwinde ziehen einen pinkfarbenen Streifen entlang des Bahndamms. Gutes Licht für die Kamera, signalisiere ich, und sehe mit Schrecken, dass alle Fenster hermetisch geschlossen sind. Suchend laufen wir durch den Zug und finden ein kleines Fenster über einer Abfallbox, das sich mit aller Kraft öffnen lässt. Kurz entschlossen zieht Peter den Gürtel aus der Hose und fixiert den ständig hinaufschnellenden Griff. Das Glück ist vollkommen. Aber nicht lange.

An der Frontseite der Wand befindet sich ein Spiegel, darunter eine Steckdose, und früh am Morgen hat auch

Iwan Normalverbraucher das Bedürfnis, sich zu rasieren. Der Wettstreit beginnt: rasieren gegen fotografieren oder besser Russenbärte gegen Kamera. Lachend arrangieren wir uns, bis der Zug beginnt, seine schnelle Fahrt zu verlangsamen. Wir fahren durch die Ausläufer des Jablonowy-Gebirges, die Station Sochondo naht und damit der höchste Punkt auf der gesamten Transsib-Magistrale. Ein geradliniger Felsdurchbruch, eine schlichte Tafel auf dem Pass, das war die «Legende» von dem unheimlichen Jablonowy-Gebirge und der 360-Grad-Drehung des Zuges. Keine hundert Kilometer weiter laufen wir in den Bahnhof von Tschita ein.

Noch 3090 km bis Wladiwostok

Tschita: Kilometer 6198

Tschita war Mitte des 17. Jahrhunderts ursprünglich ein Winterlager der Kosaken auf dem Weg vom Baikalsee zum Amur. Erst im 19. Jahrhundert machte die Stadt als Verbannungsort vieler Dekabristen wieder von sich reden. 1899 wurde die Stadt dann an die Transsibirische Eisenbahn angeschlossen. Wegen der Nähe zur chinesischen Grenze war die Stadt noch bis 1990 für Ausländer gesperrt.

«Schau mal, eine Achswechselanlage», ruft Peter, als wir auf der Brücke über den Gleisanlagen stehen. «Ich erklär dir mal, wie das funktioniert!» Auf dem Bahnsteig gibts aber schon wieder Neues zu entdecken. Dort liegen haufenweise leicht gebogene viereckige Eisenstücke entlang der Bahnsteigkante. Zwei Bahnarbeiter in orangen Schutzwesten mit langen Stahlhämmern in der Hand gehen von Waggon zu Waggon und klopfen die Achsen des Zuges ab. Am hellen Klang erkennen sie, ob alles in Ordnung ist, dann schauen sie sich die Bremsen an. Dünne, abgeschliffene Bremsbacken werden sofort ausgetauscht. Tschita scheint einer der größten Kontrollpunkte der Transsib-Strecke zu sein.

«Über Tschita habe ich eine hübsche kleine Geschichte gehört», erzähle ich auf dem Weg zum Chinesenmarkt. Vor etwa zwölf Jahren ist hier kurz vor dem Bahnhof ein Güterzug verunglückt, der unter anderem waggonweise Verkehrsampeln geladen hatte, die für Wladiwostok und die Städte im Fernen Osten bestimmt waren. Diese Ampeln haben nie ihren Bestimmungsort erreicht, dafür gibts hier an jeder Ecke zwei. «Stimmt», sagt Peter und zeigt auf die nächste Kreuzung. Auf einer riesigen Freifläche zwischen Industrie- und Wohngebieten, nicht weit vom Fluss Tschitinka entfernt, hat sich einer jener Chinesenmärkte etabliert, wie sie in jeder größeren Stadt im Fernen Osten zu finden sind. Angeboten werden vor allem Textilien, gefälschte Markenjeans und Sweatshirts von Calvin Klein bis Hugo Boss, Lederjacken, Pelzmützen, Fellmäntel, Trainingsanzüge von Adidas, aber auch Uhren und Schmuck billigster Art. «Das ist alles Schund», warnt uns die Milizia und fügt hinzu, dass selbst der einfache Russe inzwischen hier nicht mehr kaufe, nur noch die armen Leute, aber davon gäbe es ja leider immer mehr.

Zurück auf der Straße spricht uns eine Frau in fließendem Oxford English an. Sie ist Lehrerin für Russisch und Englisch und freut sich, ein paar Worte mit uns wechseln zu können. Ihr größter Traum wäre, sagt sie, einmal nach England zu reisen, aber dafür würden die 8000 Rubel, die sie im Monat verdient, nicht reichen, und mit dem Visum wäre das auch sehr schwierig, es würde keiner «rausgelassen». Nein, es hätte sich nicht viel geändert nach der Perestroika. Traurig wünscht sie «eine glückliche Reise».

Bilder nächste Doppelseite und Seiten 154, 155
Tschita:
- **Bahnhof; Achskontrolle; Bremsbackenwechsel**
- **Ein runzliges, aber mildes sibirisches Babuschka(Großmutter)-Gesicht erzählt wortlos von einem langen Arbeitsleben mit wohl unzähligen Entbehrungen**
- **Junge und alte asiatische Gesichter**

terra magica

Zug Nr. 2: Tschita–Chabarowsk

Entlang der chinesischen Grenze fahren nur noch die schnellen Züge. Unser «Rossija», den wir nach zwei Tagen wieder sehen, wird von einer feuerroten modernen Lok gezogen, der neuen EPI, die in Sankt Petersburg gebaut worden ist. Zwei Tage werden wir diesmal «auf den Schienen» verbringen, das längste Stück unseres Weges. Stickige Luft und glühende Hitze schlagen uns entgegen, als wir unser supermodernes Abteil betreten. Im Gang stehen zwei kleine Chinesen mit nacktem Oberkörper und wischen sich den Schweiß von der Stirn.

Nichts Böses ahnend, richten wir uns erst einmal ein. Als der Zug sich dann in Bewegung setzt, beichtet der Provodnik: Ja, die Klimaanlage sei kaputt, und er fügt beschwichtigend hinzu, aber nur in der ersten Klasse! Außerdem wären die neuen Wagen in der Ukraine gebaut worden und nicht mehr vom Waggonbau Ammendorf, mit dem man sehr zufrieden gewesen sei! Nun haben wir schon einmal «tout comfort», wenn auch ziemlich steril, und dann das! Kurz entschlossen ziehen wir bei nächster Gelegenheit in die zweite Klasse um, einen Waggon weiter, wo die Aircondition tadellos funktioniert.

Zwei Abteile weiter liegt ein stattlicher Russe, so um die 50, blond und blauäugig, in Khakihemd und -hose auf dem Bett und liest mit stoischer Ruhe. Dennoch, unsere Blicken treffen sich ... Als wir am nächsten Morgen aufwachen, liegen Nebelschwaden über den dichtbewaldeten Hügelketten, kein Weg, kein Steg, hier enden die Straßen.

Wir haben den Kilometer 6593, Tschernischewsk-Sabaikalskij, erreicht. Hier hat der liberale russische Aufklärer Nikolaj Tschernischewskij sieben Jahre bei der Zwangsarbeit verbracht. Autoverladewaggons stehen dicht an dicht auf dem Nebengleis, die Fernverkehrsstraße gen Osten, die südliche Grenze des Dauerfrostbodens, verläuft für die nächsten 600 Kilometer im «Never-come-back-Land». Nur Hartgesottene mit guten Nerven trauen sich hier noch weiterzufahren. Was uns jedoch am meisten erstaunt, ist die Tatsache, dass die Autos samt Fahrer und Insassen auf die Waggons verladen werden. In luftiger Höhe schmeckt dann das Frühstück doppelt so gut! Der Zug ruckelt an, wir fahren weiter, hinaus in undurchdringlich dunkle Wälder, durchsetzt vom satten Gründer Birken. Graue Wolken ziehen über das Land. Wir gleiten durch Raum und Zeit.

Kurz vor dem Dunkelwerden tauchen wie aus dem Nichts Schienenstränge auf, die sich in alle Richtungen sternförmig verzweigen. Die Eisenbahn ist für den Güterumschlag zum wichtigsten Transportmittel geworden, in einem Gebiet, wo es «keine Straßen, höchstens Richtungen» gibt. Eine gute Soljanka beruhigt den Magen zur Nacht, am Fenster des Speisewagens sitzt unser stattlicher, blonder, blauäugiger Russe, der uns verstohlen hinter der aufgeklappten Speisekarte betrachtet ...

Geblendet von der Sonne, wachen wir auf, wo sind wir? Kurz darauf steht der Zug, Kilometer 8080, Archara. Hier findet ein Lokwechsel zwischen den Eisenbahnverwaltungen Transbaikal und Ussuri statt. Schnell in die Badelatschen, draußen gibt es wieder leckere Rosinenwecken, dick bestreut mit Hagelzucker. Dazu ein heiß dampfender Tee, da lacht das Herz! Aber vor dem Genuss steht das Zähneputzen und vor dem Zähneputzen das Schlangestehen vor Toilette und Waschraum. Kaum set-

Bilder rechts
7111 km östlich von Moskau: in und
vor dem Bahnhof Jerofeij Pavlovitsch

zen wir uns zur Ruhe, wird es stockfinster, kein Licht geht an, wir stecken im Tunnel hinter Oblutsche, dem ersten Eisenbahntunnel der Welt, der unter den Bedingungen des Permafrostes gebaut wurde. Und dieser Tunnel ist lang, aber alles hat einmal sein Ende. Ab Birobidzan sehen wir wieder Straßen, gut ausgebaut, auf denen eine Kette von Lastwagen Fracht auf dem Landweg transportiert.

Wir schauen auf den Zeitplan, noch etwa eine Stunde, dann fahren wir über den Amur, über die längste Brücke Russlands. Mit der Kamera im Anschlag stelle ich mich an das offene Fenster der ersten Klasse, neben mir der stattliche blonde Russe mit den blauen Augen. «Ich heiße Wladimir», bricht er sein Schweigen. «Wohin fahrt ihr?». Dann fährt er in gebrochenem Englisch fort: «Brücke über den Amur drei Kilometer, längste Brücke von Sibiria, von Russland!» Schnurgerade führen die Schienen direkt auf die Brücke, und zwischen den Eisenstreben hindurch haben selbst die Augen Mühe, den Fluss zu erfassen, an Fotografieren ist nicht zu denken. Enttäuscht packen wir schnell zusammen, wir sind in Chabarowsk.

Chabarowsk: Kilometer 8532

Schwüle Hitze wie in einer Sauna empfängt uns in der Stadt. Das Klima von Chabarowsk wird durch die riesige Landmasse Asiens und den Monsun bestimmt, der feuchte Meeresluft heranbringt. 1858 wurde auf den

Bilder rechts und nächste Doppelseite
• **Chabarowsk: Loks im und Straßenbahn vor dem Bahnhof**
• **Jugendstilpalast im Zentrum; ehemals deutscher Delikatessenladen Kunst & Albers (Zarenzeit)**

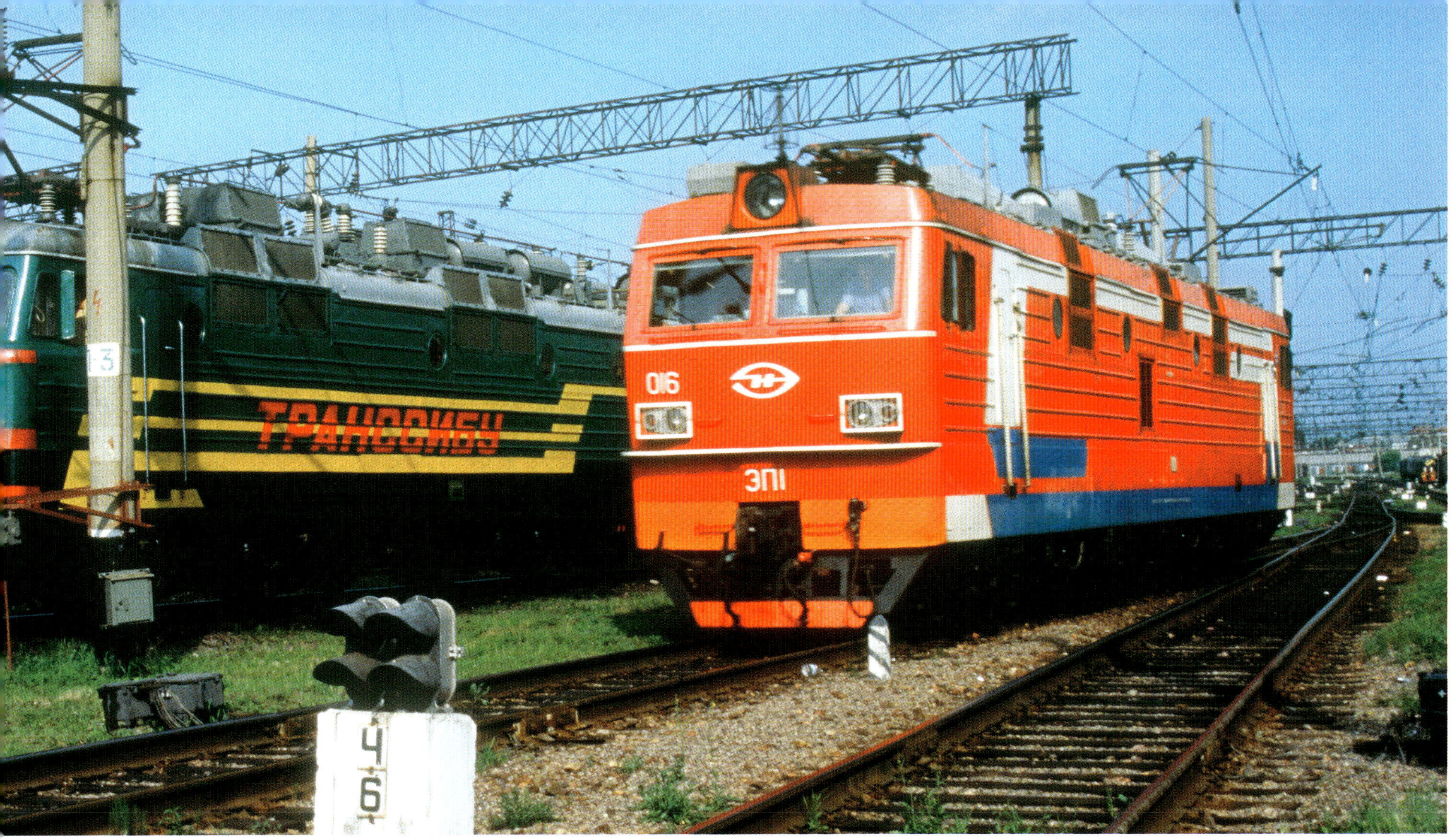
ТРАНССИБУ
016
ЭП1

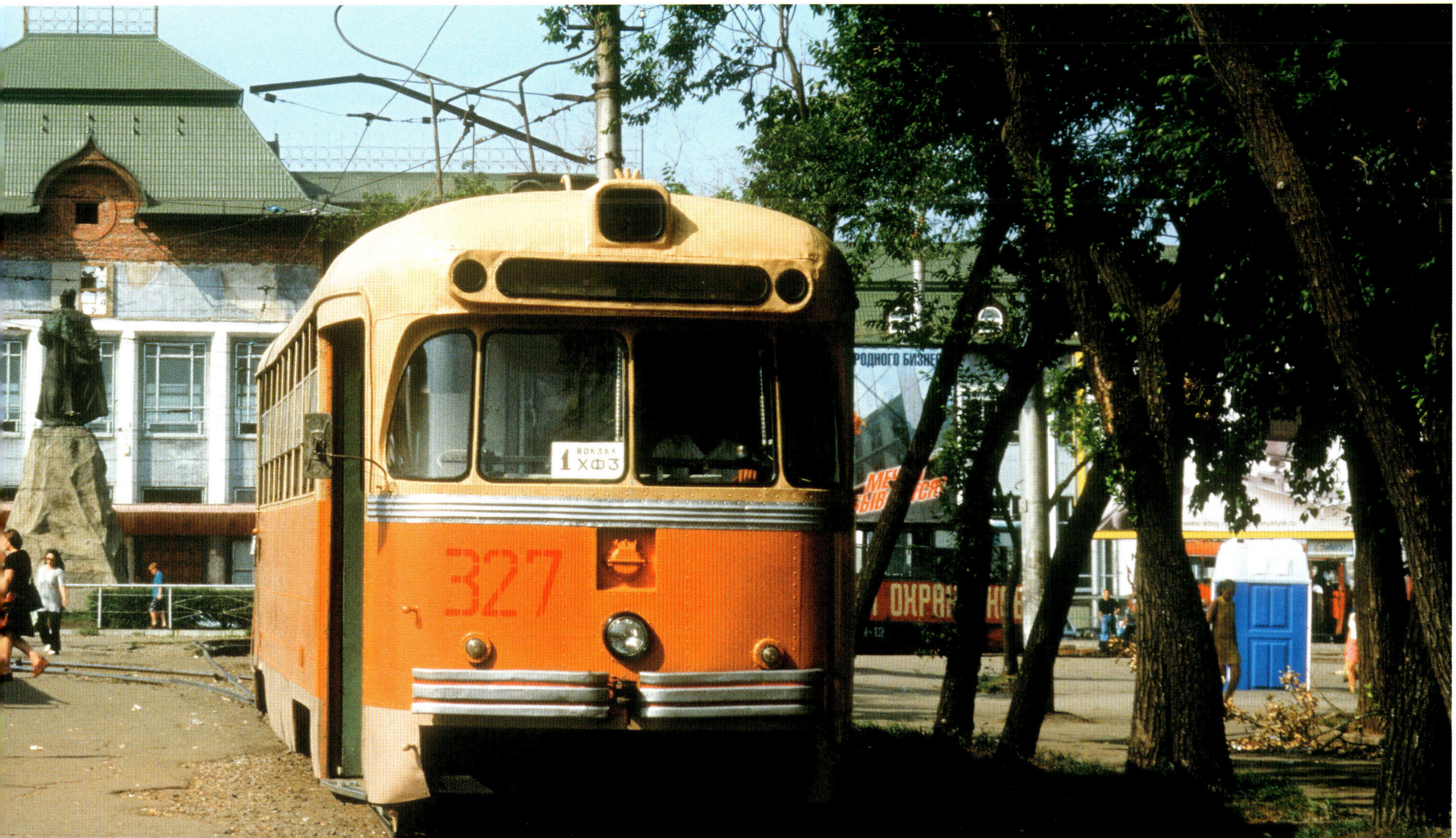
1 ВОКЗАЛ ХФЗ
327

Steilufern des Amur ein Militärstützpunkt gegründet, den man nach Jerofe Chabarow benannte, der das Amurgebiet erkundete. 1897 wurde mit der Ussuribahn zwischen Chabarowsk und Wladiwostok der erste Abschnitt der Transsibirischen Eisenbahn übergeben. Es dauerte dann noch 20 lange Jahre, bis mit der Fertigstellung der Amurbrücke Chabarowsk an die Transsib-Magistrale zwischen Wladiwostok und Moskau angeschlossen wurde.

Chabarowsk liegt auf drei hohen Hügeln mit zwei tiefen Tälern, im Volksmund auch «die drei Walbuckel» genannt, und es sollte sorgfältig überlegt werden, welche Strecken man unter die Füße nimmt bei diesem Saunaklima. «Wir sind im San Francisco des Fernen Osten, und da willst du erst mal Siesta machen?», treibt Peter mich an.

Wir bummeln über den Amurskij-Boulevard mit seinen prächtigen Hausfassaden vom Jugendstil und Neoklassizismus bis zu den sozialistischen Monumentalbetonbauten auf den großen Plätzen und schauen beim feinsten Delikatessladen der Stadt von ehemals Kunst & Albers aus der Zarenzeit vorbei, der mit den schönsten Jugendstilspielereien und Glasmosaiken der Epoche ausgestattet ist. Am Ufer des Amur steigen wir dann über lange Treppen zum Klippenturm hinauf und genießen gebannt den wohl dramatischsten Sonnenuntergang, den wir je gesehen haben.

Der Klippenturm, höchster Aussichtspunkt über Fluss und Land, beherbergt eine kleine intime Café-Bar, Treffpunkt von «neuen» und «alten» Russen in der Stadt. Ein großer schwarzer Wolga fährt vor, der Fahrer öffnet die Tür – und wer steigt aus? Wladimir, unser stattlicher, blonder, blauäugiger Russe aus dem Transsib-Express! Und mit ihm zwei Freunde aus Irkutsk, Jurij und Andrej. Die Freude ist groß über das unverhoffte Wiedersehen,

und wir werden zum nächtlichen Dinner eingeladen. Dies besteht dann allerdings aus flüssiger Kost, wie wir später feststellen, russischem Bier und einem Liter Ararat, dem besten Cognac der ehemaligen UdSSR, er stammt aus Armenien. Dazu werden auf kleinen Tabletts gehälftelte Zitronenscheiben gereicht, die man jeweils vor dem Trinken isst.

Wladimir ist Chef der Eisenbahndirektion des Gebietes Irkutsk-Wladiwostok, «im Diensteinsatz», sein Freund Jurij Physikprofessor an der Irkutsker Universität. Ein sehr feucht-fröhliches «Dinner» beginnt, unterbrochen von Trinksprüchen auf die deutsch-russische Freundschaft, auf den ernsten Wunsch nach Frieden, auf die Gesundheit der Familie, auf die Liebe, und auf dass der Wodka immer fließen möge – in dieser Reihenfolge.

Ein angenehm kühler Nachtwind bläst über den breiten, samtblau schimmernden Amur, draußen wartet der schwarze Wolga mit dem gelangweilt gähnenden Fahrer, der erst uns ins Hotel fährt und dann unsere drei Freunde – in dieser Reihenfolge!

Der nächste Tag wird bitter, wir fahren an die russisch-chinesische Grenze am Ussuri. Myriaden von winzigen Kribbelmücken stechen sich durch alles, ob Kleider, ob Haare, und ein gewaltiges Gewitter kündigt sich drohend am Horizont an. Wir geben auf, die Götter sind uns nicht gnädig, trotz der gestrigen Opfergaben!

Bilder rechts und nächste Doppelseite
Chabarowsk, östlicher als Peking, auf dem gleichen Längengrad wie Japan:
• Majestätisch – neue Uspensskij-Kirche
• Im ehemaligen Kunst & Albers-Haus:
heute noch einer der schönsten Läden der Welt. Und das in Sibirien!

Zug Nr. 6: Chabarowsk–Wladiwostok

Der große Moment ist gekommen, wir steigen in den «Okean» zu unserer letzten Fahrt mit der Transsibirischen Eisenbahn von Moskau bis Wladiwostok. Und wir haben wieder ein «Vierbettabteil», freuen wir uns. Endlich sind wir zurück in der «Familie», zurück bei den Menschen, die sich für die Zeit der Fahrt zusammenfinden und einen kurzen Moment im Leben teilen, nehmen und geben, als wären alle Brüder und Schwestern auf dieser Erde. Diesmal wird es besonders interessant. Alina, eine zierliche Russin um die 40, sitzt schon im Abteil, eine große Flasche knallroter Erdbeerlimonade vor sich auf dem Tisch. Keine fünf Minuten später wird die Tür zackig aufgerissen, und Wanja, ein Militärarzt aus Ussuri, einem kleinen Städtchen keine hundert Kilometer von Wladiwostok entfernt, tritt zu uns ins Abteil. Damit wären wir eigentlich komplett. Da klopft es zaghaft an der Tür. Draußen steht Katja, eine junge Studentin, die unsere deutschen Laute auf dem Gang gehört hat und sich ein wenig unterhalten möchte. Sie studiert Sprachen und fährt jetzt in den Semesterferien zu ihrem Bruder, der mit seiner Familie in Wladiwostok lebt.

Es ist kurz vor Mitternacht, und Wanja lädt uns alle erst einmal zu einer Runde Tee mit Zitrone ein. Seine vergoldeten Stahlzähne blitzen, als er sich zu uns wendet und fragt: «Und ihr, was werdet ihr schreiben über uns, über Russland, all die Unwahrheiten, die Verleumdungen der westlichen Journalisten, dieser miesen Schreiberlin-

Bilder rechts und nächste Doppelseite
Russisch-chinesische Grenze am Ussuri:
• **Dramatische Sonnenuntergangsszenerie**
• **Wildnis in einem verlorenen Ende der Welt**

terra magica

terra magica

terra magica

terra magica

ge?» Jetzt wird es brenzlig, denken wir und lenken damit ab, dass wir seine Frage nicht verstanden haben. In Katja hingegen steigt der Zorn auf, ein heftiges Streitgespräch beginnt, wovon wir nun tatsächlich nichts verstehen, außer, dass es um die politische Vergangenheit Russlands geht. Die Luft wird uns zu dick im Abteil, und wir flüchten lieber in den Gang. Nach endlosen, langsam ruhiger werdenden Debatten hinter der geschlossenen Tür stehen beide in bester Eintracht plötzlich neben uns und erklären beschwichtigend: «So ist das eben mit uns Russen, erst schlagen wir uns die Köpfe ein, aber im Grunde lieben wir uns. Wir sind doch alle Brüder und Schwestern.» Wobei Wanja noch ergänzend hinzufügt, dass Katja, dieses Mädchen, nichts begriffen habe und von Politik sowieso nichts verstehe. «Dieser Mann muss immer das letzte Wort haben», antwortet Katja, wünscht gute Nacht und verschwindet in ihrem Abteil.

Wladiwostok: Kilometer 9288

Wladiwostok, übersetzt «Beherrsche den Osten», ist Russlands Tor zum Pazifik und der wichtigste Stützpunkt der Fernostflotte Russlands, mit einer idealen

Bilder rechts und nächste drei Doppelseiten
Wladiwostok am Pazifik:
• **Bahnhofspalast von außen**
• **Warten auf Abreise ins Zurück, denn eine**
Weiterreise gibt es in diesem Bahnhof nicht
• **Innenarchitektur und Gemälde im bis in**
die 1990er Jahre verbotenen Bahnhof
• **Marinehafen (darum war die Stadt so lange**
verboten); Güterhafen; Museums-U-Boot

terra magica

terra magica

terra magica

2001
Хабаровск
Чита
Иркутск
Владивосток
тию завершения строительства -
я по транссибирской магистрали

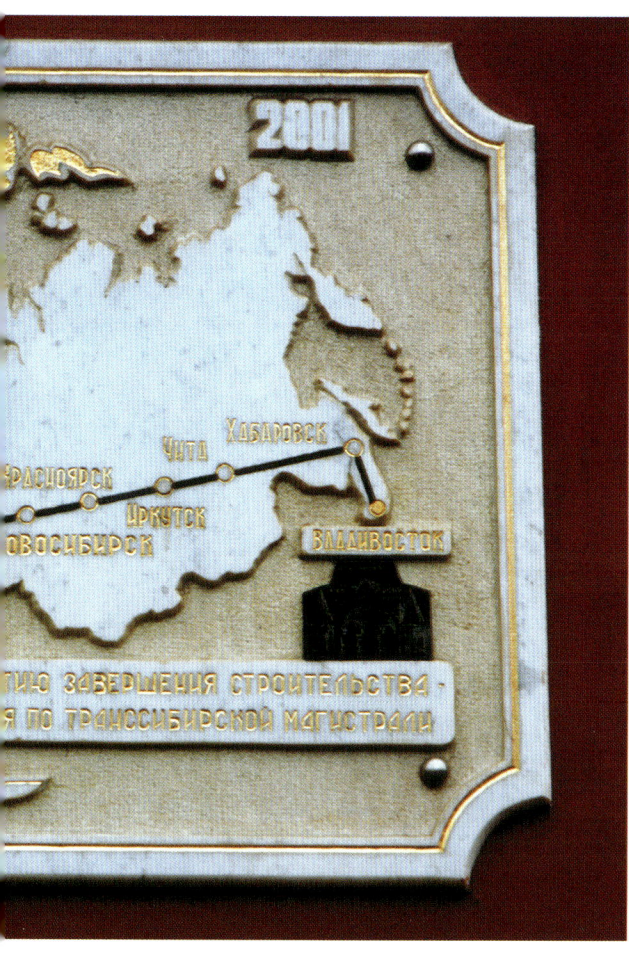

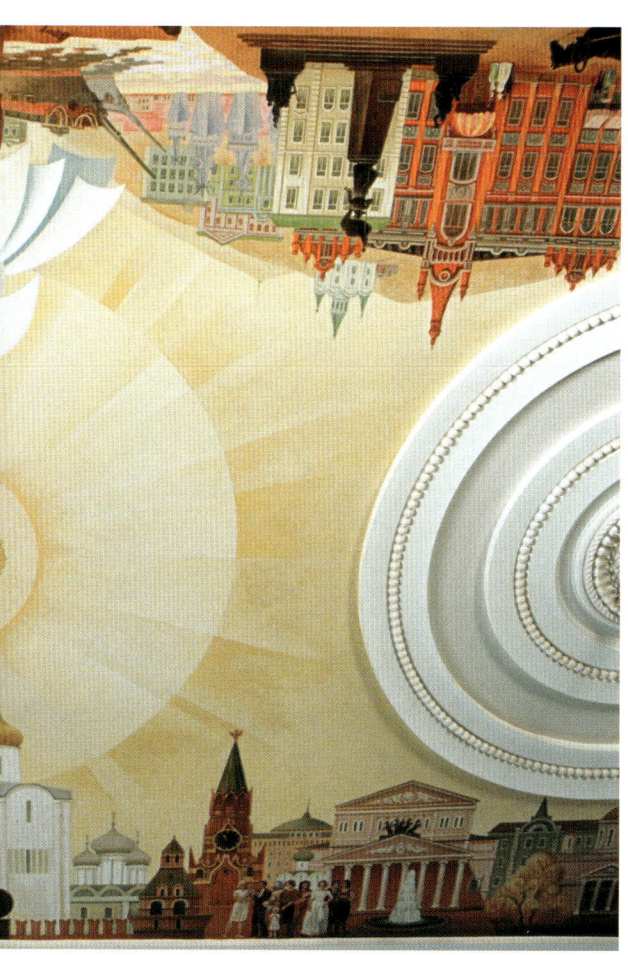

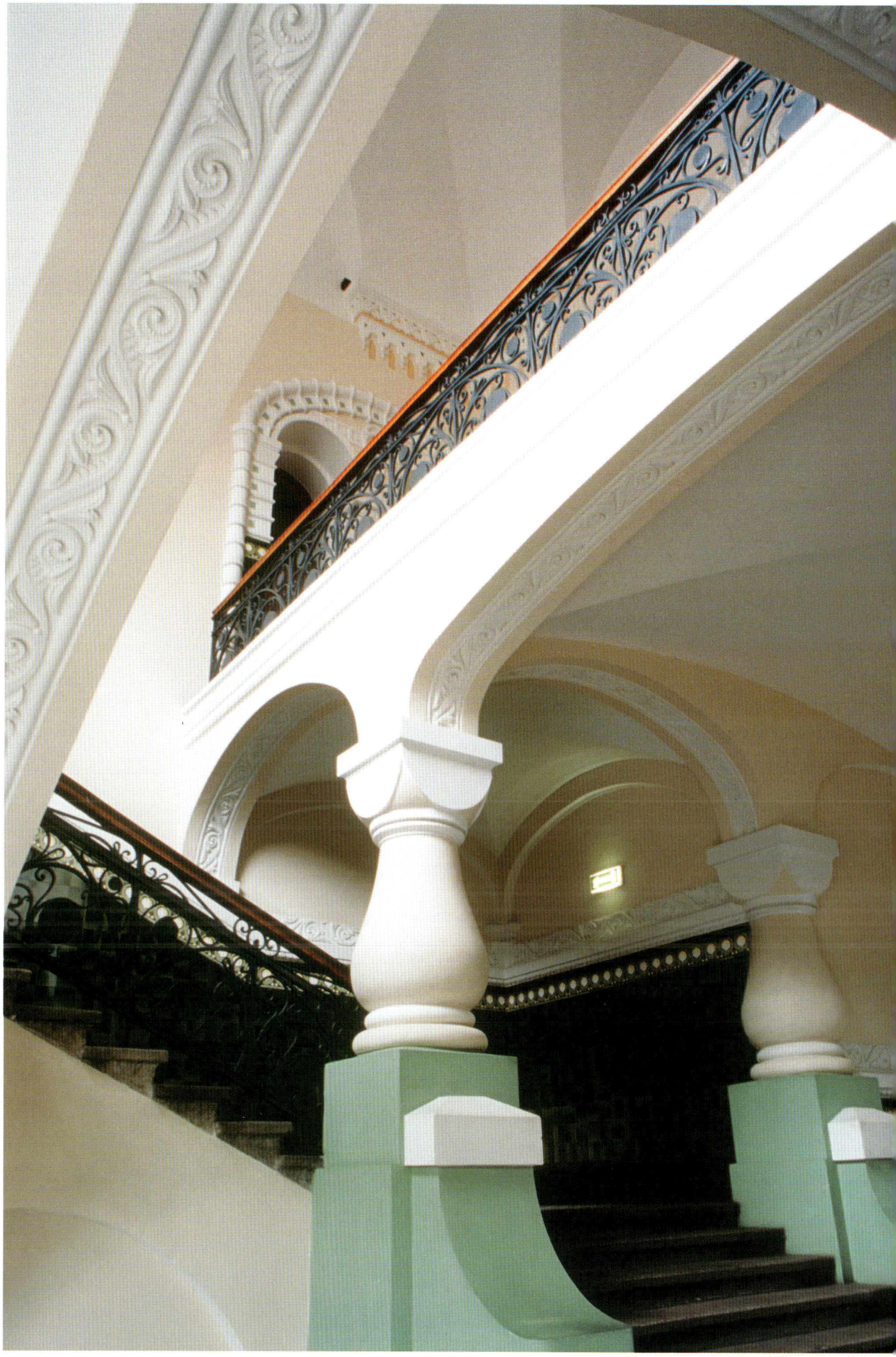

strategischen Lage auf der Halbinsel Schkota zwischen der Ussuribucht im Osten und der Amurbucht im Westen. Diese Halbinsel hat eine tief eingeschnittene Bucht, das «Goldene Horn», ein idealer Hafen als Ausgangspunkt für Handel und Seefahrt und gleichzeitig das Tor zu den Nachbarländern Japan, China und Korea beziehungsweise zur Westküste von Amerika. Dabei ist Wladiwostok eine junge Stadt, erst 1860 wurde sie gegründet. 1891 wurde das Jahrhundertprojekt, der Bau der Transsibirischen Eisenbahn, von Zarewitsch Nikolaj symbolisch eröffnet, und als 1916 die Magistrale fertig gestellt war, war das Tor nach Asien und zum Westen Amerikas für Russland geöffnet.

Nun stehen wir auf dem Bahnsteig, den Transsib-Obelisken mit dem Zarenadler im Blick, 9288 unendliche Kilometer von Moskau entfernt. Noch können wir es gar nicht recht glauben, wir haben Wladiwostok, den Endpunkt unserer Reise mit der Transsibirischen Eisenbahn, erreicht. Etwas wehmütig schauen wir noch einmal auf den «Rossija», der, eben noch mit pulsierendem Leben erfüllt, jetzt leer und verlassen auf dem Gleis steht.

Und da sind sie, die Japaner, in Dreiergruppen mit Fähnchen begierig den weißen Fußabdrücken auf dem Asphalt folgend. Wohin? Natürlich ins nächste Einkaufsparadies, den Duty-free-Shop. Der Hit der Saison sind russische Nachtsicht-Ferngläser. Und dann stehen sie zu 20 in der Reihe und schauen in den blauen Himmel – mit Ferngläsern für Nachtsicht –, jenen blauen Himmel, den wir dann zum letzten Mal erblicken. Dicker Nebel zieht über die Bucht und lässt einen die Hand nicht mehr vor Augen sehen.

Morgen, denken wir wehmütig, morgen werden wir zurückfliegen über das weite Land und Sibirien, sib-ir, die schlafende Erde, in nur neun Stunden Flug hinter uns las-

In Wladiwostok an einem Obelisk in Stein gemeißelt: Kilometer 9288, Zielpunkt der Transsib

sen, eine Tagesreise auf den Schienen der Transsibirischen Eisenbahn. Und wie im Fluge werden unsere Gedanken, unsere Erinnerungen zurückgleiten in die grenzenlose Weite, in die Städte, zu den Menschen, mit denen wir ein Stück des Weges gehen durften.

Donowich Wstreetsch – wir sehen uns wieder!

terra magica

Sibirien um die Wende des 19. zum 20. Jahrhundert, der Zeit des Transsib-Baus

Eine Beschreibung aus dem Jahre 1906

Sibirien ist der nach dem alten Herrschersitz Ssibir am rechten Ufer des Irtisch unfern Tobolsk benannte nördliche Teil der russischen Besitzungen in Asien, der den ganzen Norden des asiatischen Kontinents einnimmt, zwischen 42° 20′ (Mündung des Tumenkiang in das Japanische Meer) bis 77° 36′ nördliche Breite (Kap Tscheljuskin)) und 59° 33′ (Ural) bis 174° 24′östliche Länge (Kap Deschnew, Ostkap), begrenzt im Norden vom Nördlichen Eismeer, im Osten vom Bering-, Ochotskischen und Japanischen Meer, im Süden von der Chinesischen Mandschurei und Mongolei und von Russisch-Zentralasien, im Westen vom europäischen Russland. Mit 12 492 365 Quadratkilometern ist Sibirien ein Fünftel größer als ganz Europa.

Größte Terra incognita der damaligen Welt

Die Küsten des Nördlichen Eismeeres sind zehn, die des Beringmeeres mindestens sechs bis sieben, die des Ochotskischen Meeres sieben bis acht Monate und selbst die des Japanischen Meeres zwei bis drei Monate durch Eis verschlossen und wenig durch Buchten, Halbinseln und Inseln gegliedert. Die gesamten zu Sibirien gehörigen Inseln (Liachowsche Inseln, Neusibirien, usw.) sollen 136 800 Quadratkilometer messen. Das ganze Gebiet zerfällt in einen durchaus ebenen Teil (nur an der Südgrenze durch den Altai gebirgig) westlich vom Jenissei und einen dreimal so großen östlichen Teil, der von zahlreichen bedeutenden Gebirgen durchzogen wird, an der Südgrenze vom Sajanischen Gebirge, weiter östlich vom Jablonowoigebirge mit dem Witimplateau und von dem bis zur Nordostspitze hinauf reichenden Stanowoigebirge, von dem nach Nordwesten das Werchojanskische Gebirge gegen das Eismeer streicht. Im Südosten ziehen sich, in gleicher Richtung streichend, das Burejagebirge und der Sichota Alin hin.

Unter den vielen Seen (davon 23 mit über 250 Quadratkilometer Fläche) und den namentlich im Süden auftretenden salzigen Sümpfen sind die bedeutendsten der Baikalsee, Chankasee, der Tschani, der Taimyrsee, der Bojeboli, der Jewsejew, der Krasnoje, der Kurilskoje an der Südspitze von Kamtschatka, der Kronotzkoje weiter nördlich und andere. Die Hauptflüsse, die dem Eismeer zufließen sind: Ob mit Irtisch, Jenissei und Lena. Von geringerer Bedeutung sind Piasina, Chatanga, Anabara und Olenek westlich der Lena; östlich derselben Jana, Indigirka, Alaseja (Lascia), Kolyma und Tschaun. Das Beringmeer empfängt den Anadyr und Kamtschatka, das Ochotskische Meer den Amur.

Als Verkehrswege sind viele dieser Flüsse von Bedeutung, obschon sie alle einen großen Teil des Jahres mit Eis bedeckt sind. Sehr fischreich sind sie alle. Die Mineralreichtümer sind außerordentlich groß, aber abgese-

Taiga und Fluss Uda, nahe Ulan-Ude

den eingeschobenen Steppen wachsen riesige Doldengewächse (Heracleum barbatum). Pappelarten, Weiden an den Flussufern, Birken und Espen vereinigen sich zu mannigfaltigen Landschaftsbildern. Für Kulturgewächse ist der sibirische Boden sehr ungünstig.

Die Fauna Sibiriens, dem Land der Pelztiere, gleicht völlig der des nördlichen Europa, enthält aber noch viel zahlreicher Raubtiere, wie Bären, Wölfe, Füchse und die kleinen Räuber, ebenso das Elentier und den Hirsch in größerer Zahl. Charakteristisch ist der sibirische Rehbock. Im Amurgebiet hat der Tiger seine nördlichste Verbreitung; er tritt hier als langhaarige Varietät auf. Im Baikalsee ist besonders bemerkenswert das Vorkommen eines Seehundes; auch von Fischen enthält er einige ihm eigentümliche Formen; unter den Insekten herrschen die Laufkäfer vor.

Bevölkerung

Die Zahl der Einwohner wurde 1897 mit 5 727 000, 1904 mit 6 493 000 festgestellt. Dicht bevölkert ist nur der schmale Streifen an den Ausläufern der südlichen Gebirge, den heute die Sibirische Eisenbahn durchschneidet. Von der Gesamtbevölkerung Westsibirien (3 367 000) sind neunzig Prozent Russen, und auch in den Gouvernements Jenisseisk und Irkutsk überwiegt das russische Element. In Jakutsk dagegen stehen 30 000 Russen 200 000 Eingeborenen (Jakuten, Lamuten, Tungusen etc.) gegenüber. Im Generalgouvernement Amur ist mehr als ein Viertel der Bevölkerung nichtrussisch (Buräten etc). Wir sehen in Sibirien alle Stufen von Kultur: Jagdvölker (Tungusen), Fischervölker (Ostjaken), Steppennomaden (Kirgisen) und angesiedelte Ackerbauer.

terra magica

Den freien Ansiedlern folgten Zwangskolonisten und Sträflinge, als «Verschickte» zusammengefasst. In den letzten Jahrzehnten gingen jährlich durchschnittlich 19000 Personen (darunter mehrere tausend Kinder, die ihren Eltern folgten) nach Sibirien in die Verbannung; doch ist sie jetzt beschränkt worden. Dagegen nahm die Einwanderung (1899: 225000; starke Rückwanderung) zu. Die Sibirier (Sibiriaken) sind zumeist aus freien Einwanderern und Verschickten durch Vermischung mit Eingeborenen entstanden. Leibeigenschaft kannte Sibirien nie.

Der Beschäftigung nach sind neun Zehntel der Sibirier Ackerbauer, doch gehört alles Land der Krone. Das Handwerk vertreten meist Russen und Deutsche. Nur acht Prozent der Bevölkerung leben in Städten, deren größte Tomsk, Irkutsk, Blagoweschtschensk, Tjumen, Wladiwostok, Krasnojarsk sind. Der Religion nach findet man hauptsächlich Christen, Buddhisten, Schamanen und Mohammedaner. Die Volksbildung steht auf sehr niedriger Stufe. Es gibt eine Universität in Tomsk mit (1899) 391 Studierenden, acht Gymnasien, sieben Progymnasien. Sektionen der Russischen Geographischen Gesellschaft in St. Petersburg bestehen in Irkutsk (seit 1851), Omsk (seit 1877) und Chabarowsk (seit 1894), eine Gesellschaft zur Erforschung des Amurgebietes in Wladiwostok (seit 1884). Es erscheinen (1903) 33 Zeitungen.

Erwerbszweige und Verwaltung

Die Hauptbeschäftigungen der Bewohner sind Ackerbau, Viehzucht, Bergbau, Fischerei und Jagd. Ackerbau kann nur bis 57° 30′, im Osten bis 53° 30′ nördliche Breite betrieben werden; das Areal des anbaufähigen Landes schätzt man für Ost- und Westsibirien

Sibirischer Alltag 2002. Wenn dieses Bild schwarzweiß gedruckt wäre, könnte es auch vor 100 Jahren entstanden sein

und Transbaikalien auf 1 150 000 Quadratkilometer, für das Amurland und das Ussurigebiet auf 250 000 Quadratkilometer. 1904 erntete man in Sibirien (Englische Pfund = ca, 454 Gramm): Weizen 52 485 000, Roggen 45 528 300, Hafer 45 334 600, Kartoffeln 28 710 300, Gerste 5 673 500.

Der Viehbestand (vornehmlich in Westsibirien, Daurien, am Altai) wird geschätzt auf 3 211 000 Pferde, 3 413 000 Rinder, 4 946 000 Stück Kleinvieh (Schafe und Ziegen), ferner Schweine, Renntiere und Kamele (fast alle in Transbaikalien). Bedeutende Bienenzucht treibt man am Altai. Da das Vieh aber das ganze Jahr fast schutzlos im Freien bleibt, so sind die Verluste durch Kälte (auch durch Seuchen) jährlich sehr groß. Im Sajanischen Gebirge und im Altai werden viele Yaks gehalten, im Altai

terra magica

auch Elentiere, als Zugtier von den Kamtschadalen, Tungusen, Samojeden und Ostjaken neben dem Rentier auch Hunde.

Die Wälder nehmen ein ungeheures Areal ein, in ganz Russisch-Asien 263 361 000 Hektar; leider wird der Holzreichtum in der sinnlosesten Weise vernichtet. Die Fischerei ergab früher weit bedeutendere Erträge. Die Jagd auf Pelztiere (Eichhörnchen, Füchse, Zobel etc.) ist in Westsibirien bereits sehr unbedeutend und nimmt in Ostsibirien mehr und mehr ab. Die Industrie steht noch in den Anfängen, doch werden von ihr (ohne Brennereien und Brauereien) jährlich Waren im Werte von zehn Millionen Rubel (1897: 1 Rubel = 2,1601 Mark des Deutschen Reiches, 1 Mark ist 0,3584 g reines Gold wert) hergestellt, am wichtigsten sind Müllerei (4,5 Millionen), Gerberei und Lederarbeiten (2,5 Millionen), Seifensiedereien, Kerzenfabriken, Brennereien, Metallwarenfabriken, Zuckerfabriken etc.

Der Handel ist trotz des Mangels an guten Straßen oder Eisenbahnen und trotz der langen Unterbrechung der Schifffahrt durch Frost recht bedeutend. Die Dampfschifffahrt auf dem Jenissei, Ob, der Angara, Lena, dem Amur, Ussuri ist schon ziemlich entwickelt. Den Verkehr zur See zwischen Odessa und Wladiwostok vermitteln die Dampfer der russischen Freiwilligen-Flotte. Eine 1871 vollendete Telegraphenlinie durchzieht Sibirien von West nach Ost mit Abzweigungen nach Sachalin, Peking; zwei Kabel führen von Wladiwostok nach Japan. Die Sibirische Eisenbahn verbindet jetzt Sibirien in seinen wichtigsten Teilen mit dem europäischen Russland und letzteres mit dem Stillen Ozean.

Administrativ zerfällt Sibirien in zwei Generalgouvernements mit vier, beziehungsweise drei Unterabteilungen und zwei Gouvernements. Die beiden letzten wurden früher als Westsibirien, die beiden ersten als Ostsibirien zusammengefasst. Die Verwaltung ist ganz dem russischen Vorbilde angepasst.

Geschichte

In alter Zeit war Sibirien die Zufluchtsstätte der aus Innerasien verdrängten Völker. Des Pelzhandels wegen unternahmen Kaufleute aus der russischen Familie Stroganow, die zu beiden Seiten des Uralgebirges weite Gebiete zu Lehen hatten, seit 1560 die Unterwerfung des Landes. In Verbindung mit dem Kosakenführer Jermak besiegten sie 1579–1582 den Uzbegen Kutschum, der sich seit 1563 «Kaiser von Sibirien» nannte. Zu schwach, sich allein zu behaupten, bot Jermak dem Zaren Iwan IV. dem Schrecklichen seine Eroberung an. So kam Sibirien unter die Herrschaft Russlands. Gegen 1590 wurde Tobolsk zur Hauptstadt der neuen Provinz bestimmt; nun drangen die russischen Kosaken in das jetzige Ostsibirien vor und gründeten die Städte Turinsk (1600), Tomsk (1609), Kusnetsk und Jenisseisk (1617–18), Krasnojarsk (1626) und Jakutsk (1632).

1620 erschienen die Russen am Wilui, 1627 an der Angara, 1628 an der Lena und 1633 in Kamtschatka. Im dichter bevölkerten und gebirgigeren Süden ging es langsamer: 1646 wurde der Baikalsee erreicht, 1652 Irkutsk, 1656 Nertschinsk gegründet und 1699 Kamtschatka vollständig erobert. Von 1708 datiert die Errichtung eines sibirischen Gouvernements mit Tobolsk als Hauptstadt; 1719 wurde die Provinz Irkutsk, 1806 der Posten eines sibirischen Generalgouverneurs gebildet, 1822 ganz Sibirien in Ost- und Westsibirien geteilt. Die Besetzung der wichtigen Amurprovinz und die Erweiterung der

Barwagen-Interieur (Zarengold-Zug) wie zur Zarenzeit, Uniformen von heute

Küstenprovinz um die russische Mandschurei wurde 1852 begonnen, staatsrechtlich von China im Vertrag von Aigun 28. Mai 1858 und im Traktat vom 14. November 1860 anerkannt. An der Insel Sachalin wurde im Vertrag mit Japan vom 7. Mai (28. August) 1875 der Alleinbesitz erworben gegen Abtretung der Kurilen, 1905 die Südhälfte an Japan zurückgegeben.

Die Vermehrung der Bevölkerung wurde durch Deportation der Verbrecher aus Russland gefördert. Von 1807–81 wurden insgesamt 624 000 Personen, meistens Männer, nach Sibirien verbannt; von denen, die freiwillig folgten, etwa 100 000, war die Mehrzahl Frauen. Von 1867–79 wurden 210 000 Personen nach Sibirien gebracht, davon 51 Prozent auf administrativem Wege. Dem Aufschwung Sibiriens, den namentlich die Vollendung der großen Sibirischen Eisenbahn herbeiführen half, folgte nach dem unglücklichen Kriege mit Japan (1904/05) bald ein fühlbarer Rückschlag. Um die Erforschung Sibiriens haben sich namentlich verdient gemacht die Russen (man beachte die vielen Namen deutscher Herkunft) Fuß mit Teodorow und Lessing, Wrangell, Ledebur, Bunge, Turtschaninow, Politow, Gebler, Helmersen, Kartlin, Bulitschew, Middendorff, Semenow, Schrenk, Radde, Sibirjakow, die Deutschen Ermann und A. v. Humboldt mit Ehrenberg, der Norweger Hansteen und der Engländer Rose. Die ethnographischen Verhältnisse erforschten eingehend Castrén, Böthlingk und Schiefner. Wertvolles Material lieferten in neuster Zeit die Lena-Olenek-Expedition unter Tschekanowski (1875), die Expedition nach Westsibirien von Brehm, Finsch und Graf Waldburg-Zeil (1876) und die Umschiffung der Nordküste durch Nordenskiöld (1878–79.)

terra magica

Geschichte der Transsibirischen Eisenbahn

Von Klaus-Peter Woebke

Alles begann eigentlich schon im Jahre 1857 mit der dringenden Mahnung vieler verkehrspolitisch Verantwortlicher in Russland, dass man endlich eine Eisenbahnverbindung zum Fernen Osten benötige. Die Erschließung der unendlichen sibirischen Weiten würden den Reichtum des Landes mehren und den europäischen Teil Russlands zusätzlich vom steigenden Bevölkerungsdruck befreien. Im selben Jahr hatte der Amerikaner Perry McDonough Collins Überlegungen zum Bau einer Eisenbahnstrecke quer durch Sibirien angestellt, seine Pläne wurden jedoch von den offiziellen Stellen in Russland nicht angenommen. Inzwischen waren die Dinge im Zeitalter des weltweiten Kolonialismus im Osten des russischen Imperiums stark in Bewegung gekommen. Die Moskauer Regierung beobachtete, dass das Verteilen begonnen hatte und man wollte da nicht zurückstehen.

China trat 1858 das Amurgebiet an Russland ab, 1860 dann die Küstenregion, so dass der Seehafen von Wladiwostok errichtet werden konnte. Als 1878 die Eröffnung der Uralbahn erfolgte, war man zuversichtlich, eine direkte Verbindungslinie vom europäischen russischen Reich bis zum Pazifik durchführen zu können. Jedoch erhielt dieses Projekt durch die Entgleisung des kaiserlichen Zuges 1881 und die Verletzung der Zarenfamilie einen kräftigen Dämpfer. Man muss berücksichtigen, dass Sibirien sich schon immer als äußerst verkehrsfeindlich erwiesen hatte. Es herrschen extreme Temperaturen mit zusätzlichem Dauerfrost im nördlichen Teil des Landes. Der Boden ist dort weitgehend das ganze Jahr über gefro-

ren. Ein unpassierbarer Sumpf entsteht, wenn im kurzen Sommer die Oberfläche auftaut. Dagegen leidet der Süden unter ständigem Wassermangel und besteht aus baumloser Steppe mit wüstenartigen Ebenen. Die natürlichen Wasserwege, die Flüsse, münden in das Eismeer, indem sie Sibirien von Süden nach Norden durchqueren. Eine durchgehende Schifffahrt ist deshalb so gut wie unmöglich. Nur lokaler Verkehr kann hier stattfinden und als Zubringer für die Eisenbahn vorgesehen werden. Die Ost-West-Verbindung Europas mit Fernost bestand aus Pfaden, auf denen Pferd und Wagen nur sehr mühsam vorankamen. Im Amurgebiet jenseits des Baikalsees gab es bis zum Bau der Transsib keine Möglichkeit, mit Wagen durchzukommen.

In den Jahren 1885 bis 1889 veranlasst die Regierung endlich nach erneuten dringlichen Empfehlungen zum Bau einer Eisenbahnlinie durch Sibirien topografische Studien entlang der in Frage kommenden Strecke. Der damalige Verkehrsminister Adolf von Hubbenett macht 1890 den Bau zur Dringlichkeitsstufe 1. Schließlich überträgt der Zar 1891 dem Zesarewitsch Nikolaj Alexandrowitsch mit kaiserlichem Erlass den Auftrag zum Beginn der Bauarbeiten für die Transsibirischen Eisenbahn. Noch im selben Jahr, am 19. Mai 1891, nimmt der Thronfolger, der spätere Zar Nikolaj II., in Wladiwostok die von ihm selbst gefüllte Schubkarre in die Hand und entleert sie symbolisch am zukünftigen Bahndamm. Der erste Spatenstich für die Ussuribahn, als östlicher Abschnitt der geplanten Strecke, ist erfolgt.

terra magica

Am 19. Juli 1892 wird im Westen am Ausgangspunkt Tscheljabinsk mit dem Bahnbau begonnen. Zar Alexander III. macht seinen Sohn Nikolaj Alexandrowitsch 1893 zum ersten Präsidenten des damaligen Transsib-Komitees. Der westliche Teilabschnitt der Bauarbeiten wird 1896 bis an den Ob vorangetrieben und fertig gestellt. Die gesamte Ussuristrecke bis Chabarowsk kann 1899 dem Verkehr übergeben werden. Es gibt hier die größten Probleme, da es durch ein völlig unwegsames Gelände, bestehend aus fast unbewohnter Taiga und großen, dicht bewaldeten Flächen, geht. Zum Straßenbau müssen zusätzliche Arbeitskräfte (Strafgefangene, Militär) herbeigeschafft werden, um die Baustellen mit Maschinen, Material und Werkzeugen zu versorgen. Die Zentralsibirische Eisenbahn vom Ob bis nach Irkutsk wird 1898 eröffnet. Da die Transbaikalbahn nicht fertig gestellt werden kann, ist vorerst am Baikalsee Schluss.

Erst im Jahre 1900 konnte der Betrieb weitergehen, weil zwei aus England importierte Fähren mit Eisbrecherfunktion für die Schifffahrt über den Baikalsee zur Verfügung standen. Die größere Fähre «Baikal», 90 Meter lang, mit einer Wasserverdrängung von 4200 Tonnen, und die kleinere Fähre «Angara» wurden in Einzelteile zerlegt auf dem Seeweg nach Wladiwostok und von dort per Bahn transportiert und über den zugefrorenen Baikalsee mit Pferdeschlitten gezogen. Der Transport allein dauerte zwei Jahre. Die «Baikal» wurde am Ufer des Sees im Dorf Listwenitschnoje zusammengebaut, endmontiert sowie entsprechend ausgerüstet. Sie konnte auf drei Schienensträngen auf dem Deck 25 Güterwaggons tragen und hatte Räume für 150 Passagiere. Drei Dampfmaschinen, von 15 Dampfkesseln versorgt, betrieben drei Schrauben, wovon sich eine am Bug befand, um das Eis aufzubrechen.

Die Transsib-Strecke Moskau–Irkutsk wurde 1899 zum ersten Mal durchgehend befahren. Fünf Jahre (von 1899 bis 1904) benötigte der Bau der Eisenbahnschleife um den Baikalsee. Im Jahre 1904 trafen endlich die Schienen, die von Wladiwostok westlich und von Moskau östlich vorangetrieben worden waren, zusammen. Von 1908 bis 1916 wird der Bau der Amurstrecke sowie von Strecken zwischen dem Ural und Wladiwostok in mehreren Teilabschnitten fertig gestellt. Nunmehr ist die längste Eisenbahnstrecke der Welt, die Transsibirische Eisenbahn-Magistrale mit über 9000 Kilometern, vollendet. Dieses Ereignis war letztlich mit der Einweihung der Amurbrücke bei Chabarowsk möglich geworden und bedeutete eine durchgehende Verbindung von der Ostsee bis zum Pazifik auf russischem Reichsgebiet.

Jahre zuvor hatte man mit der Ostchinesischen Bahn durch die Mandschurei eine Alternative mit China per Nutzungsrecht ausgehandelt, da diese Strecke einfacher und schneller zu erstellen war. Als die Trasse jedoch 1901 fast fertig war, wurden viele Bahnanlagen durch politische Unruhen, bis hin zu kriegerischen Auseinandersetzungen (Boxeraufstand), vernichtet. Aus diesem Grund konnte der Zugbetrieb erst im Juli 1903 aufgenommen werden. Deshalb war man froh, dass die Bauarbeiten 1908 an der Amurbahn wieder fortgesetzt und schließlich 1916 beendet wurden.

Während des Ersten Weltkrieges wird die Transsib-Strecke (durch Sabotagen und Attentate) schwer beschädigt. Als der Krieg endlich zu Ende ist, bricht in Russland der Bürgerkrieg aus. Die Ermordung der Zarenfamilie ist

Bilder rechts und nächste Doppelseite
Gebaut und gebohrt während der Transsib-Bauzeit:
Streckenwarthäuschen, Bauernhaus, Tunnels in Sibirien

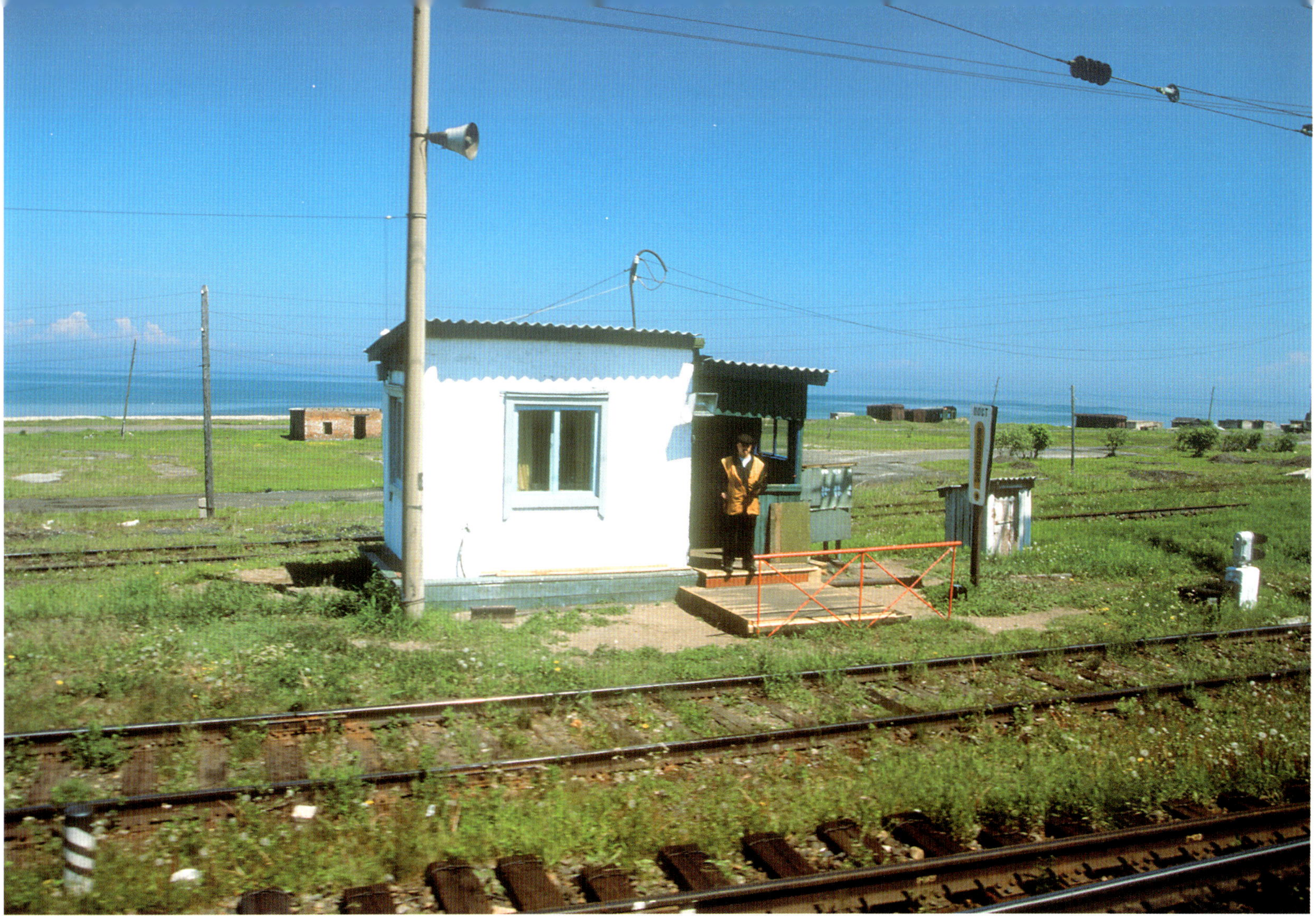

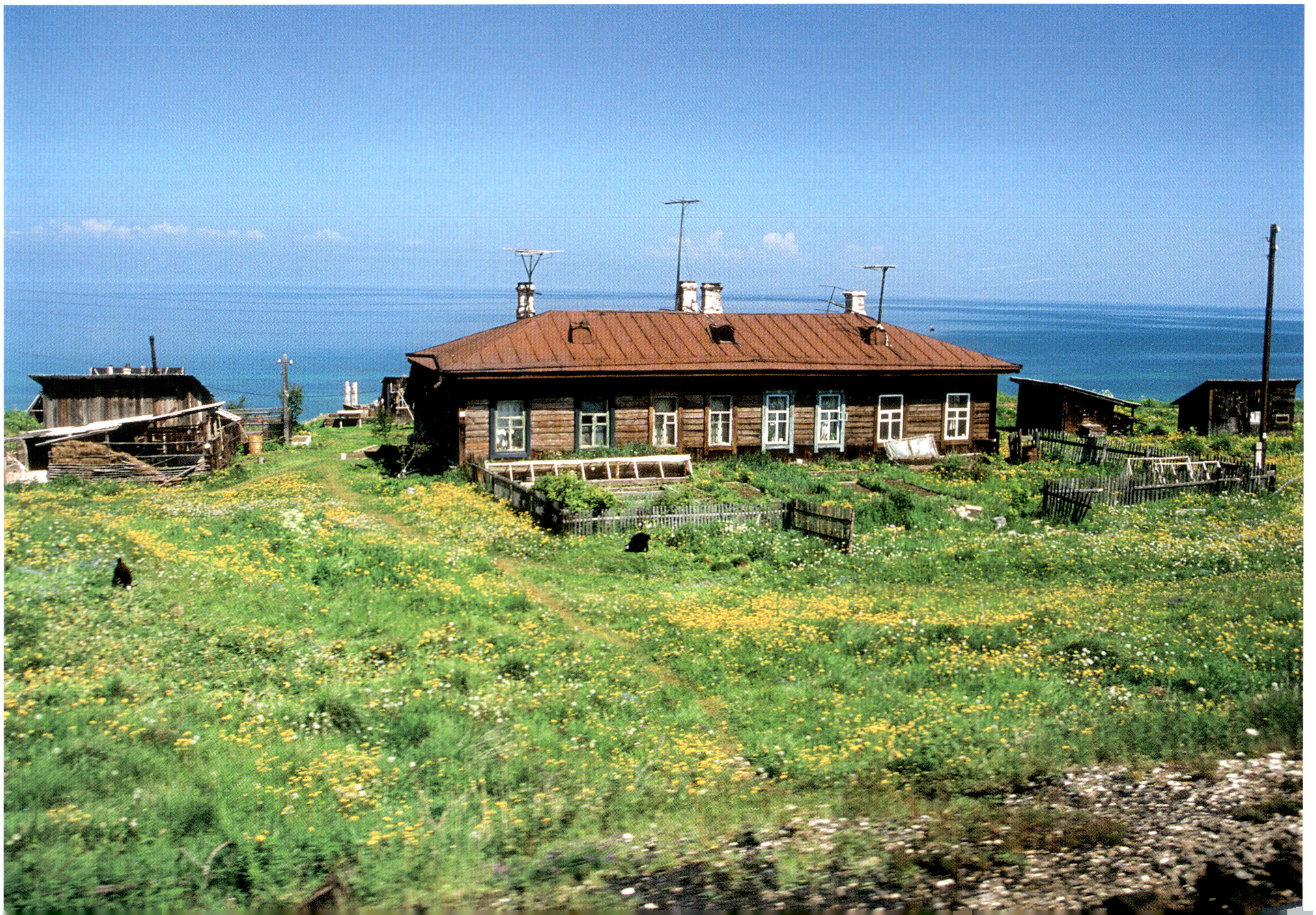

Eisenbahnbrücke vor Ulan-Ude

eine der Begleiterscheinungen. Im Zweiten Weltkrieg (vor allem von 1942 bis 1945) dient die Transsib dem Transport von Truppen, Panzern und Kriegsgütern über den Ural in das westliche Russland, und umgekehrt werden Nahrungsmittel zur Versorgung der Bevölkerung in den Fernen Osten transportiert. 1945 beginnt man die ersten Streckenabschnitte auf eine Doppelspur auszubauen. Die Elektrifizierung wird verstärkt vorangetrieben, und auf den noch nicht elektrifizierten Strecken werden Dieselloks in größerem Umfang eingesetzt.

Zu dieser Zeit machten sich die Eisenbahnplaner auch wieder an ein beliebtes Vorkriegsprojekt heran – die BAM oder Baikal–Amur-Magistrale. Dort wo sich die Transsibirische Eisenbahn bei Taischet scharf nach Süden wendet, wird eine Eisenbahnlinie, die BAM, über Bratsk und den Fluss Angara am Nordufer des Baikalsees vorbei bis an den Pazifik nach Sowjetskaja Gawan führen. Hiermit kann auf über 3000 Kilometern weiteres sibirisches Hinterland erschlossen werden.

Im Jahre 1956 wird in Russland die Dampflokomotiven-Produktion eingestellt. Politische Unruhen, begleitet

von kriegerischen Handlungen und schweren Zwischenfällen am Ussuri zwischen China und der UdSSR im Jahre 1969, verursachten an der Transsib-Strecke zum Japanischen Meer (Pazifik) erhebliche Schäden. Die Transsib führt hier direkt an der Grenze zu China entlang. Ab 1974 wurden die Bauarbeiten an der BAM von der damaligen Regierung unter Leonid Breschnew massiv vorangetrieben. Er war es auch, der diese Baustelle als die größte des Jahrhunderts bezeichnete.

Eine Propaganda-Aktion größten sowjetischen Stils erklärte im Oktober 1984 dieses Projekt für vollendet. Das Ergebnis waren dann insgesamt 4000 Kilometer Schienenstrang und Bahnanlagen. Unter dem Einsatz aller nur möglichen Kräfte halfen beim Bau der BAM nicht nur die jungen «freiwilligen» Komsomolzen (Kommunistischer Jugendverband) – für sie eine elementare Herausforderung –, sondern vorwiegend auch Strafgefangene und abkommandierte Angehörige der sowjetischen Armee. Böse Zungen behaupten jedoch, dass diese Langstrecke auch heute im 21. Jahrhundert noch immer nicht ganz fertig ist.

terra magica

Die Transsibirische Eisenbahn und ihre Lokomotiven

Von Klaus-Peter Woebke

Die gesamte Strecke der Transsibirischen Eisenbahn ist heute elektrifiziert. Im Fernverkehr sind deshalb überwiegend E-Loks in den verschiedensten Versionen im Einsatz. Selten sind dagegen Dieselloks im Zugverkehr, häufig jedoch im Rangierbetrieb anzutreffen. Dampfloks werden gegenwärtig auf den Strecken der Transsib nicht mehr eingesetzt. In seltenen Fällen kann man einzelne Exemplare noch in der Nähe von großen Bahnbetriebsstätten beim Rangieren beobachten.

Dampflokomotiven – Nostalgie auf Rädern

Noch bis gegen Ende der 1970er Jahre dampften die aufgrund der Breitspur großrahmigen, typisch grünen Lokomotiven aus russischer Produktion vor Reise- und Expresszügen durch Sibirien. Bei den schwarzen Dampfloks handelte es sich zumeist um Importe. Die bekannteste unter den «Grünen» war die *P 36* (2' D 2') – Schlepptenderlok. Sie erinnert ein wenig an die typischen amerikanischen Lokomotiven. Ausgemusterte, noch überwiegend gut erhaltene Exemplare aus dieser Zeit können entlang der Transsib-Strecke in der Nähe von Bahnhöfen, als «technisches» Denkmal aufgestellt und mit dickem Farbanstrich versehen, bestaunt werden.

Typisch sind auch die in den Dreissigerjahren bis in die Fünfzigerjahre gebauten *1' E 1'* Schlepptender-

lokomotiven mit 3000 PS, bekannt unter dem Beinamen «Felix Dscherschinskij» (FD). Ab 1932 wurde der Typ *1' D 2'* «Iossif Stalin» (IS) mit einer Leistung von 3200 PS gebaut, zuerst mit einem vierachsigen Tender und ab 1936 dann mit einem sechsachsigen Tender in Serie. Mit Stromlinienverkleidung erreichte die «IS» eine Höchstgeschwindigkeit von damals ungeheuerlichen 155 Stundenkilometern.

Von 1947 bis 1950 wurde aus der Baureihe *P 36* eine Reisezug-Dampflokomotive mit einer Achsfolge «2' D 2'» und einer Leistung von 2500 PS bei 125 Stundenkilometer Höchstgeschwindigkeit entwickelt. Diese 30 Meter langen und 130 Tonnen schweren Lokomotiven waren und sind in ihren Abmessungen schon sehr imposant und fuhren noch bis Anfang der Siebzigerjahre auf der Transsib-Strecke zwischen Irkutsk und Wladiwostok.

Nach dem Krieg fuhren, nach Umstellung auf Breitspur, bis in die Sechzigerjahre hinein auch die ehemals deutschen *BR 52*-Lokomotiven (Kriegloks) überall im westlichen Russland. Diese Loks waren Kriegsbeute oder Reparationsleistungen. Friedhöfe verschrotteter Dampf-

Bilder Seiten 192, 193 und Doppelseite 194/195
• Aus der Froschperspektive besonders beeindruckend: ehemalige Transsib-Dampfloks
• Legendär: eine der grünen Transsib-Loks, die bis Ende der 1970er Jahre fuhren

terra magica

СССР
ФД 21-3000

Е^-3306
Локомотивное депо Первая Речка
Дальневосточная железная дорога

Су 215-68

rösser – wobei man hauptsächlich die Natur für sich arbeiten lässt, was westliche Damplokomotivfreunde in tiefe Depression stürzen kann – sind entlang der Transsib-Strecke besonders vor größeren Städten immer mal wieder zu entdecken.

Diesellokomotiven

An der Buchstabenbezeichnung *T*, dann *E* (für elektrisch) beziehungsweise *G* (für hydraulische Kraftübertragung) erkennt man die russischen Diesellokomotiven. Anders ist es bei importierten ausländischen Dieselloks, die immer abweichende Bezeichnungen haben, wie beispielsweise *Tsch E – M* bei tschechischen Maschinen. Die Kennung *M* steht wiederum für Rangierloks und *P* für Reise- oder Personenzug-Lokomotiven.

In Serie wurden Dieselloks in der damaligen Sowjetunion erst nach dem Zweiten Weltkrieg gebaut. Konstruktionen einiger Prototypen lagen bereits aus den 1930er-Jahren vor. Man wollte diese Lokomotiven hauptsächlich dort einsetzen, wo es Probleme mit der Wasserversorgung für Dampflokomotiven gab. Serienmäßig wurden die ersten Dieselloks ab 1947 gebaut. Es handelte sich damals um die *TE 1* mit 1000 PS Leistung und einer Achsfolge von «Co'Co'».

Die *TE 2* war die Weiterentwicklung mit leicht verbesserter Motorleistung. 1948 kam dann die *TE 2* mit 2000 PS Leistung als Doppeltraktion (Bo'Bo' + Bo'Bo'). In den Fünfzigerjahren wurde die *TE 3* in Dienst gestellt, die am Ende des Jahrzehnts von der modernen 3000 PS starken *TE 10* abgelöst wurde. Diesellokomotiven mit der Bezeichnung *TE 60* (3000 PS) wurden in den Sechzigerjahren gebaut und besonders oft auf der Transsib-Strecke eingesetzt.

Sehr beliebt ist die aus der damaligen Tschechoslowakei stammende *Tsch E M 2* mit 1200 PS Leistung (Co'Co') für den Rangierbetrieb. Die UdSSR importierte diese in ansehnlichen Stückzahlen. Zu den traditionellen Baureihen und Typen kommen noch die Sonderversionen unter anderem in Form der Zweirichtungslokomotiven, die nur einen Führerstand am Ende haben und über eine Harmonikaverbindung zusammengekoppelt sind. Vor der Typenbezeichnung steht dann die *2*, beispielsweise bei der Doppellok *2 M 62*, sie ist aus zwei M-62er-Dieselloks zusammengefügt. Die UdSSR baute ausschließlich für den Eigenbedarf die schweren *2 M 62*, jedoch für den Export in die so genannten «europäischen Bruderstaaten» die *M 62* in Normalspurversion (Deutsche Reichsbahn, DDR, Baureihe BR 220).

Elektrolokomotiven

Die in Russland gebauten E-Loks erkennt man immer an der Typenbezeichnung in den kyrillischen Buchstaben *WL* und einer Ziffer dahinter. Die Buchstaben beinhalten die Initialen von Wladimir I. Lenin, die Ziffern geben die Baureihe an. Aus dem Ausland importierte E-Loks haben als Kennung einen kyrillischen Buchstaben, der auf das Herstellerland hinweist. In erster Linie handelt es sich hierbei um tschechische E-Loks mit dem Buchstaben *Tsch*. Außerdem finden hin und wieder Zusatzbuchstaben mit dem kyrillischen *P* oder *M* Verwendung, um auf den Einsatzbereich der Lokomotiven hinzuweisen.

Bilder rechts und nächste Doppelseite
• **Dieselloks auf der Transsib-Strecke**
• **Im tiefsten Sibirien gibts Begegnungen mit Veteranen**

terra magica

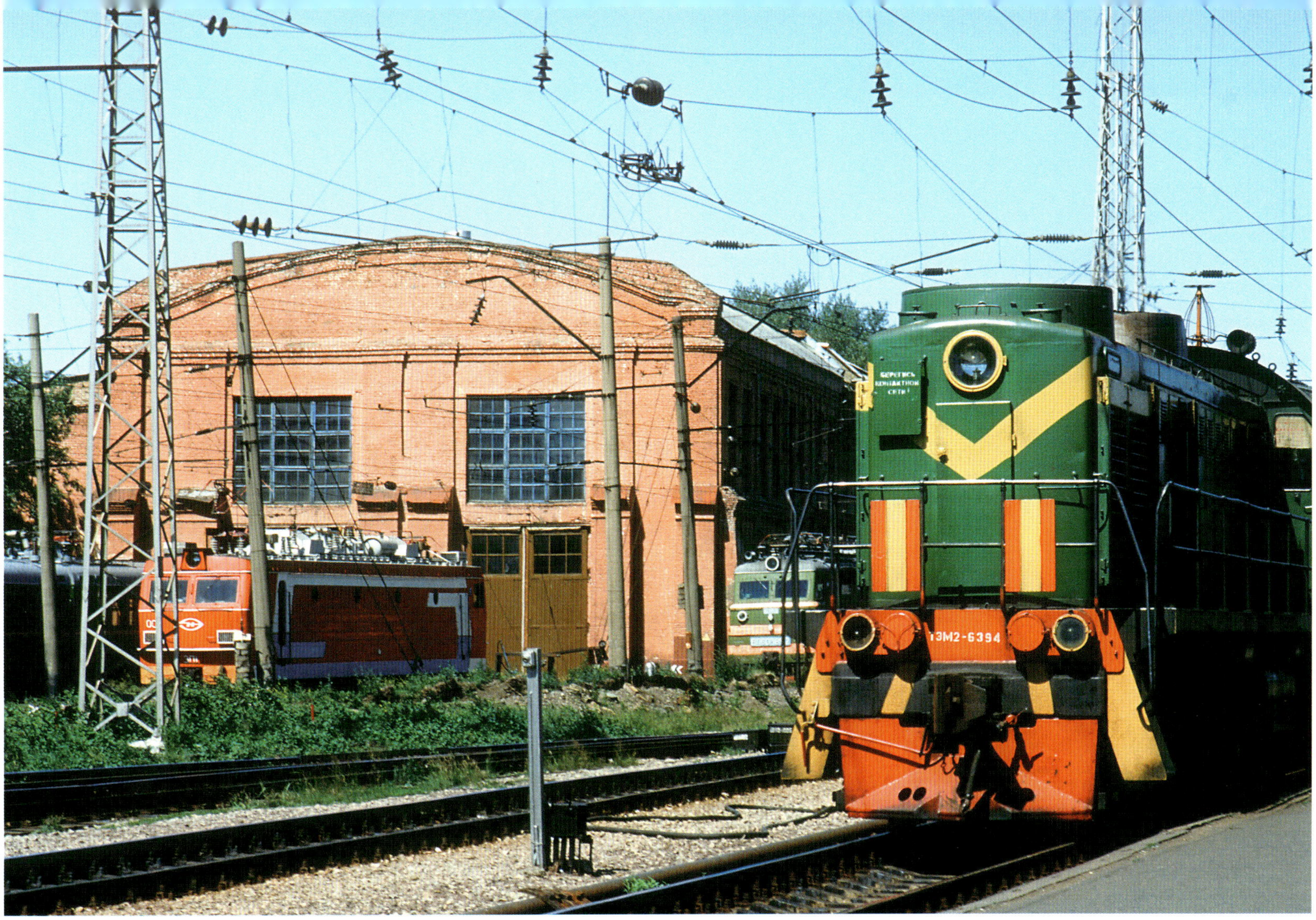
ТЭМ2-6394

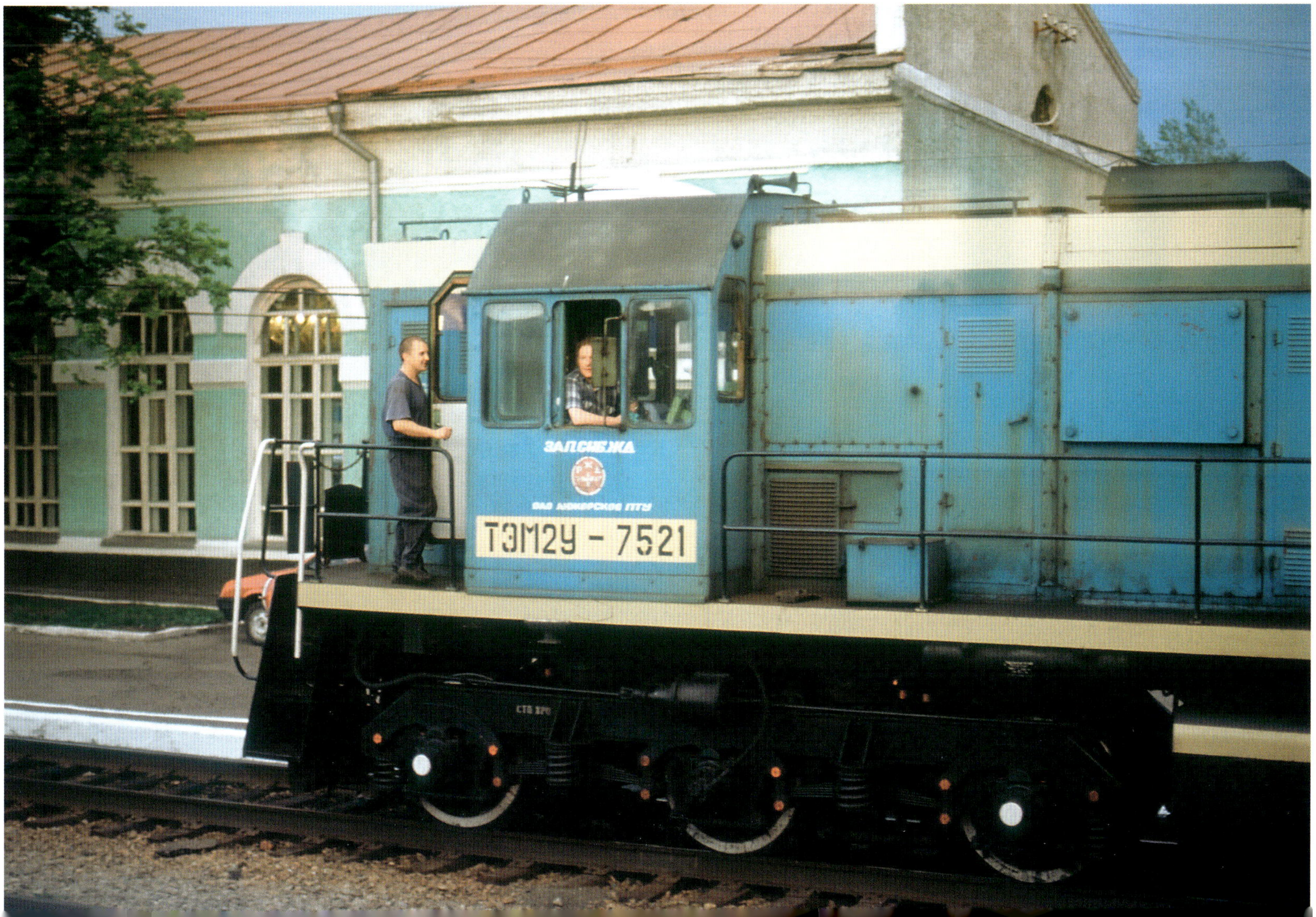
ТЭМ2У - 7521

terra magica

Das *P* steht für Passagierzugdienst oder Reisezug und das *M* für den Einsatz als Rangierlokomotive.

Schon in den 1930er Jahren begann man in Russland mit dem Bau von E-Loks serienmäßig. Der erste Typ war die *WL 22,* die – immer wieder verbessert und leicht modifiziert – bis 1956 gebaut wurde. Die Leistung dieser Loks, zum Beispiel des Typs *WL 22 – M,* betrug 3180 Pferdestärken (1PS = 735,5 Watt). Von 1956 bis 1960 wurde die *WL 23* als eine auch vom Aufbau her verbesserte 22er hergestellt. Dazu entstanden parallel ab 1954 die für die Transsib typischen Doppellokomotiven des Typs *WL 8* (2 x 2488 PS = 4976 PS) mit der Achsfolge Bo'Bo'+Bo'Bo'. Diese Loks haben sich über Jahrzehnte im sibirischen Langstreckeneinsatz bewährt.

Um dem ständig steigenden Bedarf an *Maschinas* für den Güterverkehr gerecht zu werden, wurden in den Sechziger- und Achtzigerjahren oftmals Lokomotiven aus der damaligen Tschechoslowakei, hin und wieder aus Westdeutschland (Krupp) sowie der damaligen DDR importiert. Die Robustheit gegenüber der sibirischen Kälte zeichnet(e) diese Triebfahrzeuge besonders aus.

Die tschechische Firma Skoda lieferte ab 1955 den Typ *Tsch S 1* als Zweirichtungslokomotive mit einer Leistung von 3100 PS (Achsfolge: Bo'Bo'). Eine Weiterentwicklung davon ist der Typ *Tsch S 2* mit damals beeindruckenden 5575 PS (Co'Co') auf Gleichstromabschnitten der Transsib, wie sie westlich von Nowosibirsk im Einsatz sind. Dann gibt es noch die *Tsch S 3* als technisch verbesserte *S 1* mit 3800 PS Leistung.

Die russische Bahn hat auch die moderne Version der *WL 8* in Form der *WL 10* in Doppeltraktion (Bo'Bo') mit 2 x 4080 PS = 8160 PS, zu bewundern auf den Strecken zwischen Nowosibirsk und Irkutsk. Der Hauptanteil der Transsib-Strecke besteht heute aus Wechsel-

strom. Dort sind die Loks der Baureihe *WL 60* (Co'Co') mit 5440 PS Leistung in Betrieb. Seit 1962 werden in Russland die beliebten und häufig eingesetzten Doppellokomotiven vom Typ *WL 80* (Bo'Bo' + Bo'Bo') mit 8430 PS für den Wechselstrombereich gebaut. Es gibt diese Baureihe in den unterschiedlichsten Ausführungen. Die neuesten Modelle kann man meist auf der Strecke zwischen Wladiwostok und Chabarowsk beobachten. Interessant ist auch, dass die Weiterentwicklungen der Typen *WL 60* und *WL 80,* die Baureihen *WL 62* und *WL 82,* sowohl im Gleichstrombetrieb als auch im Wechselstrombetrieb eingesetzt werden können.

Die Skoda-Werke im heutigen Tschechien bauen inzwischen die moderne E-Lok *Tsch S 4* mit einer Leistung von 7480 PS (Co'Co'), die gern von Russland für den Transsib-Fernverkehr importiert wird.

Ein typischer Transsib-Express-Zug besteht aus einer Doppel-E-Lok mit 19 bis 20 Waggons, zusammengesetzt aus einem Gepäckwagen, einem Restaurantwagen und 17 bis 18 Personenwagen. Die Waggons wurden übrigens im VEB Waggonbau – Ammendorf in der ehemaligen DDR gefertigt, und man ist auch heute noch voll des Lobes bezüglich der Qualität und Ausstattung. Im Nahbeziehungsweise Vorortverkehr werden von größeren Orten aus entlang der Transsib die oft exotisch anmutenden Elektrischkas eingesetzt. Diese sind in etwa vergleichbar mit unseren S-Bahnen und bestehen meist aus 4, 6 oder 9 zu einem Zug zusammengekoppelten Elektrotriebwagen. Es gibt verschiedene Ausführungen der jeweils zum Einsatz kommenden Motor- und Steuerwagen.

Bilder rechts und nächste Doppelseite
Diesel- und E-Loks fehlt die robuste technische Ästhetik der Dampfloks, dafür haben sie Augen

ЭР9м-568

ВЛ11-472А
ПЕРМЬ-2
ЭД4М
0012

2ТЭ10М-3127
ОСТАНОВКА
ЛОКОМОТИВА

Zeittafel der Transsibirischen Eisenbahn

1857   Der Amerikaner Perry McDonough Collins beschäftigt sich mit dem Projekt eines Bahnbaus durch Sibirien. Seine Vorschläge werden bei allen zuständigen russischen Behörden abgelehnt

1858   Auch von anderer (u.a. britischer) Seite folgen Vorschläge, die ebenfalls ad acta gelegt werden

1875   Auch der russische Verkehrsminister Konstantin Possiett befürwortet eine Bahnverbindung nach Fernost. Erfolglos

1878   Die Uralbahn wird eröffnet. Doch drei Jahre später entgleist der kaiserliche Zug bei Charkow. Die Zarenfamilie wird nicht verletzt. Doch eine gute Werbung für den Bau von Eisenbahnlinien im Zarenreich ist das nicht

1885–1889   Neue, dringende Empfehlungen zum Bau einer Transsib kommen unter anderem vom Generalgouverneur von Sibirien und Baron Korff. Endlich werden topographische Studien entlang der vorgesehenen Strecke durchgeführt

1890   Adolf von Hubbenett drängt auf einen Beginn der Bauarbeiten. Als russischer Verkehrsminister vertritt er die Ansicht, dass man nun keine Zeit mehr verlieren dürfe

1891   Zesarewitsch (= Thronfolger) Nikolaus Alexandrowitsch wird durch einen kaiserlichen Erlass mit dem Beginn der Bauarbeiten beauftragt. In Wladiwostok legt er den Grundstein für die Ussuri-Linie. Sie stellt den östliche Abschnitt der geplanten Linie dar

1892   Am 19. Juli wird der erste Spatenstich für den westlichen Teil der Linie gemacht

1893   Zar Alexander III. ernennt seinen Sohn Nikolaus Alexandrowitsch zum Präsidenten des Komitees für die Transsib

1892–1896   Der westliche Transsib-Abschnitt zwischen Tscheljabinsk und dem Ob wird fertig gestellt

1893–1899   Der Abschnitt vom Ob bis Jrkutsk wird fertig gestellt

1896   Frankreich unterstützt den Bau auch finanziell. Ein Verdienst des neuen Zaren Nikolaus II., der die An-

Kleiner Bahnhof zwischen Krasnojarsk und Irkutsk mit der Jubiläumstafel: 100 Jahre Transsib

näherung zwischen beiden Ländern vorangetrieben hat. Inzwischen wird am 13. Oktober der westliche Teil von Tscheljabinsk zum Ob in Betrieb genommen. Neun Tage später kommt es zur Verbindung zwischen dem Ural und der Transsib: Jekaterinburg– Tscheljabinsk

1896–1900   Die Teilstrecke von Irkutsk zum Baikalsee wird durch Ingenieur Puschetschnikow in Angriff genommen

1898   Eröffnung der Strecke Taiga–Tomsk. Auch die Linie Krasnojarsk–Irkutsk wird provisorisch für den Verkehr eröffnet

1899   Zum ersten Mal wird die Strecke Moskau– Irkutsk mit den neu eingeplanten Waggons befahren. Weil es noch keine Verbindung am Baikalsee zwischen westlicher und östlicher Transsib gibt, werden Fähren eingeplant. Am 29. Juli läuft der Eisbrecher «Baikal» vom Stapel

terra magica

1899–1904	Bau der Schleife um den Baikalsee
1900	Zur Pariser Weltausstellung werden vier Luxuswagen der Transsib am Eiffelturm ausgestellt. Die Besucher können in den Speisewagen das Essen einnehmen. Gleichzeitig wird durch eine Panorama-Einblendung die Illusion der Bewegung vorgetäuscht. Die Besucher sind begeistert
1900	Der gesamte Ostabschnitt wird in Betrieb genommen. Im gleichen Jahr wird die Strecke von Irkutsk zum Baikalsee eröffnet. Die Eisbrecher «Baikal» und «Angara» sorgen für den Fährdienst
1908–1916	Ingenieur Alexander Liwerowski zeichnet verantwortlich für den Bau der Amur-Strecke. In diesen acht Jahren werden mehrere Streckenabschnitte zwischen dem Ural und Wladiwostok fertig gestellt. Mit mehr als 9000 Kilometern ist die Strecke die längste der Welt
1914–1918	Durch den Krieg wird die Transsib schwer in Mitleidenschaft gezogen, Sabotageakte und Attentate sind an der Tagesordnung
März 1917	Nikolaus II., Russlands letzter Zar, unterschreibt seine Abdankungsurkunde. Von Zarskoje Selo wird die unter Hausarrest stehende Zarenfamilie mit einem Transsib-Zug nach Tobolsk befördert
1918	Der Erste Weltkrieg ist im Osten mit dem Separatfrieden (März) zwischen den Mittelmächten und des jetzt Sowjetrussland (bald darauf Sowjetunion) genannten Russland zu Ende. Dafür breitet sich hier der Bürgerkrieg weiter aus. Der gefangene Zar Nikolaus II. wird samt Frau und Kindern im Juli in Jekaterinburg, das an der Transsib-Strecke liegt, mit unzähligen Schüssen niedergemäht. Die Stadt wird in Swerdlowsk umbenannt, nach J. Swerdlow, dem Mordbefehlsgeber und Vorsitzenden des Allrussischen Zentralen Exekutivkomitees (so nennen die Bolschewiken in ihrer kommunistischen Phraseologie offiziell jene Institution, die in den anderen Ländern der Welt schlicht Regierung heißt)
1923	Die Ostchinesische Eisenbahn veranlasst den Bau eines Luxuszuges, den Transmandschurei-Express
1926–30	Die Turksib wird gebaut. Dadurch wird die Transsib-Strecke über Alma-Ata und Taschkent mit Zentralasien verbunden
Juni 1941	Hitler kündigt den deutsch-sowjetischen Nichtangriffspakt und beginnt seinen Angriffskrieg gegen die UdSSR
1942–45	Mit der Transsib werden kriegswichtige Güter, Panzer und Truppen aus dem Osten über den Ural Richtung deutsche Angriffs-fronten im Westen befördert. Umgekehrt wird der Ferne Osten mit Nahrungsmitteln versorgt
1945	Die ersten Transsib-Abschnitte werden auf Doppelspur umgebaut. Gleichzeitig wird elektrifiziert und die Zahl der Dieselloks auf nicht elektrifizierten Strecken erhöht
1956	Die Produktion von Dampflokomotiven wird eingestellt
1969	Am Ussuri ereignen sich schwere Grenzzwischenfälle mit China. Da die Transsib dicht an der Grenze entlang führt, ist auch sie betroffen
1974	Die Bauarbeiten an der BAM beginnen.
1975–1985	Nachdem die Verbote für Ausländer gelockert oder ganz aufgehoben wurden, sind es besonders junge Menschen, die von der neuen Art, durch die Sowjetunion zu reisen, Gebrauch machen. Wladiwostok bleibt Sperrgebiet, sogar für Russen ohne Spezialgenehmigung
1984	Die BAM ist fertig; in Konanda wird die letzte Schiene verlegt. Mehr als 4000 Kilometer sind gebaut worden
1990/91 ff	Untergang von Sowjetkommunismus und Sowjetunion. Die vom Zarenreich erbaute Transsib gab es davor schon und es gibt sie danach immer noch. Russland heißt wieder Russland, die Transsib-Stadt Swerdlowsk wieder Jekaterinburg – benannt nach Katharina I., ehemals litauische Bauernmagd, dann erst Geliebte und später Zariza (= Zarengemahlin) Peters des Großen, nach dessen Tod regierende Zarin. Der 1918 in dieser Stadt ermordete Zar Nikolaus wird heilig gesprochen. Alle Russen und Ausländer dürfen mit der Transsib jetzt auch bis zum Endbahnhof Wladiwostok reisen
2001	Auch zu Beginn des dritten Jahrtausends ist die Transsib die längste Eisenbahnlinie der Welt

Monarchen und formelle Staatschefs von Russland – Sowjetunion – Russland

Fürsten von Kiew (Rurikiden)

Rurik	862–879
Oleg	879–912
Igor	912–945
Swjatoslaw Igorjewitsch	945–973
Wladimir I. Swjatoslawitsch, der Heilige oder der Große	um 978–1015

Großfürsten von Kiew

Swjatopolk	1015–1019
Jaroslaw Mudry (= der Weise)	1019–1054
Isjaslaw I. Jaroslawitsch	1054–1073
Swjatoslaw Jaroslawitsch	1073–1076
Wsewolod I. Jaroslawitsch	1078–1093
Swjatopolk Isjaslawitsch	1093–1113
Wladimir II. Wsewolodowitsch Monomach	1113–1125
Mstislaw I. Wladimirowitsch	1125–1132
Jaropolk Wladimirowitsch	1132–1139
Wsewolod II. Olgowitsch	1139–1146
Isjaslaw II. Mstislawitsch	1146–1154
Juri Wladimirowitsch, genannt Dolgoruki (Langhand)	1149–1157
Rostislaw Mstislawitsch	1154, 1159–1167
Mstislaw II. Isjaslawitsch	1167/68–1169

Großfürsten von Wladimir

Andrei Jurjewitsch Bogoljubski	1169–1175
Wsewolod III. Jurjewitsch	1176–1212
Juri Wsewolodowitsch	1212–1238*
Jaroslaw Wsewolodowitsch	1238–1246
Swjatoslaw Wsewolodowitsch	1246–1248
Michail Jaroslawitsch	1248
Andrei Jaroslawitsch	1248–1252
Alexander Newski	1252–1263
Jaroslaw Jaroslawitsch (von Twer)	1263–1272
Wassili Jaroslawitsch (von Kostroma)	1272–1276
Dmitri Alexandrowitsch (von Perejaslawl) und	1277–1281 1283–1293
Andrei Alexandrowitsch (von Gorodez) und	1281–1283 1293–1304
Michail Jaroslawitsch (von Twer)	1304–1318
Juri Danilowitsch (von Moskau)	1319–1322
Dmitri Michailowitsch (von Twer)	1322–1325
Alexander Michailowitsch (von Twer)	1326–1327

(*Beginn der mongolischen Oberherrschaft)

Großfürsten von Wladimir-Moskau

Iwan I. Danilowitsch genannt Kalita (Geldbeutel)	1325/28–1340
Simeon Iwanowitsch, der Stolze	1341–1353
Iwan II. Iwanowitsch der Schöne	1354–1359
Dmitri Iwanowitsch Donskoi	1359–1389
Wassili I. Dmitrijewitsch	1389–1425

Großfürsten von Moskau

Wassili II. Wassiljewitsch genannt Tjomny (der Blinde) und	1425–1433 1434–1462
Juri Dmitrijewitsch (von Galitsch)	1433–1434
Iwan III. Wassiljewitsch	1462–1505*
Wassili III. Iwanowitsch	1505–1533

(*Ende der mongolischen Oberherrschaft)

Zaren von Russland

Iwan IV. Wassiljewitsch, genannt Grosny (der Schreckliche)	1533/47–1584
Fjodor I. Iwanowitsch (letzter Rurikide)	1584–1598
Boris Fjodorowitsch Godunow	1598–1605
Wassili IV. Iwanowitsch Schuiski	1606–1610
Interregnum	1610–1613

Haus Romanow

Michail Fjodorowitsch (Romanow)	1613–1645
Alexei Michailowitsch	1645–1676
Fjodor III. Alexejewitsch	1676–1682
Iwan V. Alexejewitsch	1682–1696
Peter I. Alexejewitsch, der Große	1682–1725
Katharina I. Alexejewna	1725–1727
Peter II. Alexejewitsch	1727–1730
Anna Iwanowna	1730–1740
Iwan VI. Antonowitsch	1740–1741
Elisabeth Petrowna	1741–1762

Haus Holstein-Gottorf

Peter III. Fjodorowitsch	1762

Katharina II. Alexejewna, die Große	1762–1796
Paul I. Petrowitsch	1796–1801
Alexander I. Pawlowitsch	1801–1825
Nikolaus I. Pawlowitsch	1825–1855
Alexander II. Nikolajewitsch	1855–1881
Alexander III. Alexandrowitsch	1881–1894
Nikolaus II. Alexandrowitsch	1894–1917

Vorsitzende des Allrussischen Zentralen Exekutivkomitees (Sowjetrussland)

Jakow Michailowitsch Swerdlow	1917–1919
Michail Iwanowitsch Kalinin	1919–1922

Vorsitzender des Zentralen Exekutivkomitees der UdSSR (Sowjetunion)

Michail Iwanowitsch Kalinin	1922–1937*

(* ab 1927 bis 1953 ist Parteichef Iossif Wissarionowitsch Stalin – geboren als Dschugaschwili – absoluter Diktator)

Vorsitzende des Präsidiums des Obersten Sowjet

Michail Iwanowitsch Kalinin	1937–1946
Nikolai Michailowitsch Schwernik	1946–1953
Kliment Jefremowitsch Woroschilow	1953–1960
Leonid Iljitsch Breschnew	1960–1964
Anastas Iwanowitsch Mikojan	1964–1965
Nikolai Wiktorowitsch Podgorny	1965–1977
Leonid Iljitsch Breschnew	1977–1982
Juri Wladimirowitsch Andropow	1983–1984
Konstantin Ustinowitsch Tschernenko	1984–1985
Andrej Andrejewitsch Gromyko	1985–1988
Michail Sergejewitsch Gorbatschow	1988–1991

Präsidenten (Russland)

Boris Nikolajewitsch Jelzin*	1991–1999
Wladimir Wladimirowitsch Putin	seit 2000

(* erster demokratisch gewählter Staatschef in der russischen Geschichte)

Max Schmid / Beate Gorman
AUSTRALIEN
208 Seiten mit über 160 Farbfotos, davon 64 doppelseitige Farbtafeln, farbige Karte
Spektrumformat
ISBN 3-7243-0360-2

Max Schmid / Gabrielle Alioth
IRLAND
208 Seiten mit 193 Farbfotos, 66 doppelseitige Farbtafeln, farbige Karte
Spektrumformat
ISBN 3-7243-0387-4

Wolfram Müller / Katrin Pieringer / Kurt Stüwe
TIBET
208 Seiten mit 225 Farbfotos, 57 doppelseitige Farbtafeln, farbige Karte, **Spektrumformat**
ISBN 3-7243-0382-3

Christian Heeb / Andreas Drouve
MEXIKO
208 Seiten mit 232 Farbfotos, davon 65 doppelseitige Farbtafeln, farbige Karte, **Spektrumformat**
ISBN 3-7243-0392-0

Max Schmid / Gunter Mühl
NEUSEELAND
208 Seiten mit 190 Farbfotos, farbige Karte
Spektrumformat
ISBN 3-7243-0371-8

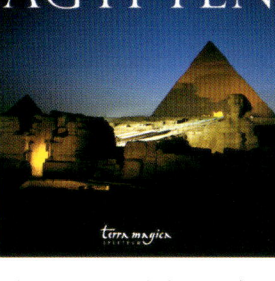

Heinz Knapp / Kristine Jaath
ÄGYPTEN
208 Seiten mit 192 Farbfotos, farbige Karte
Spektrumformat
ISBN 3-7243-0370-X

Oliver Bolch
CHINA
208 Seiten mit 210 Farbfotos, farbige Karte
Spektrumformat
ISBN 3-7243-0369-6

Max Schmid / Kristine Jaath
NORWEGEN
208 Seiten mit 200 Farbfotos, 68 doppelseitige Farbtafeln, farbige Karte
Spektrumformat
ISBN 3-7243-0372-6

diverse Autoren
BURMA – REICH DER GOLDENEN PAGODEN
208 Seiten mit 261 Farbfotos, davon 61 doppelseitige Farbtafeln, farbige Karte
Spektrumformat
ISBN 3-7243-0390-4

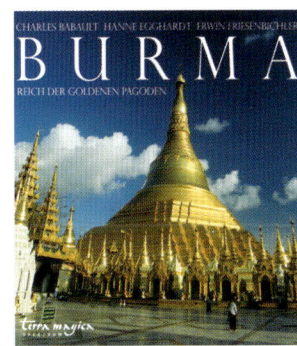

Petra Woebke / P. E. Müller
DIE ALPEN
Europas Zauberberge
208 Seiten mit 176 Farbfotos, davon 64 doppelseitige Farbtafeln, farbige Karte
Spektrumformat
ISBN 3-7243-0389-0

Elke und Dieter Losskarn
SÜDAFRIKA
208 Seiten mit 195 Farbfotos, über 60 doppelseitige Farbtafeln, farbige Karte
Spektrumformat
ISBN 3-7243-0359-0

Björn Göttlicher / Andreas Drouve
PORTUGAL
208 Seiten mit 200 Farbfotos, davon 65 doppelseitige Farbtafeln, farbige Karte
Spektrumformat
ISBN 3-7243-0379-3

Björn Göttlicher / Andreas Drouve
BRASILIEN
208 Seiten mit 225 Farbfotos, davon 61 doppelseitige Farbtafeln, farbige Karte
Spektrumformat
ISBN 3-7243-0385-8

Max Schmid / Helmut Hinrichsen
ISLAND
208 Seiten mit 203 Farbfotos, 67 doppelseitige Farbtafeln, farbige Karte
Spektrumformat
ISBN 3-7243-0375-0

Oliver Bolch / Kristine Jaath
GRIECHENLAND
Festland und Inseln
208 Seiten mit 254 Farbfotos, davon 60 doppelseitige Farbtafeln, farbige Karte
Spektrumformat
ISBN 3-7243-0388-2

Eva und Florentine Steffan / Kristine Jaath
ENGLAND UND WALES
208 Seiten mit über 230 Farbfotos, davon 57 doppelseitige Farbtafeln, farbige Karte
Spektrumformat
ISBN 3-7243-0381-5

Björn Göttlicher / Cristina Doria Olaso
SPANIEN
208 Seiten mit 243 Farbfotos, davon 59 doppelseitige Farbtafeln, farbige Karte
Spektrumformat
ISBN 3-7243-0391-2

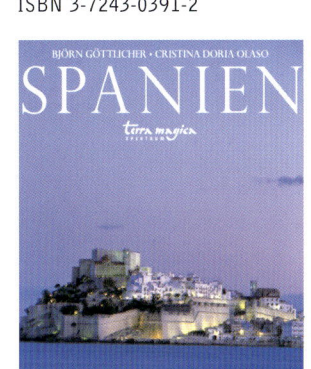

Dieter Ferrigato / Massimo Giacometti
ITALIEN
208 Seiten mit über 220 Farbfotos, davon 50 doppelseitige Farbtafeln, farbige Karte
Spektrumformat
ISBN 3-7243-0376-9